国家社会科学基金重大项目（12&ZD064）子报告五

中国财政货币政策体制
类型识别与最优选择

卞志村 ◎ 著

ZHONGGUO CAIZHENG HUOBI
ZHENGCE TIZHI LEIXING SHIBIE
YU ZUIYOU XUANZE

中国金融出版社

责任编辑：张菊香
责任校对：张志文
责任印制：张也男

图书在版编目（CIP）数据

中国财政货币政策体制类型识别与最优选择（Zhongguo Caizheng Huobi Zhengce Tizhi Leixing Shibie yu Zuiyou Xuanze）/卞志村著．—北京：中国金融出版社，2017.12

ISBN 978 - 7 - 5049 - 9366 - 3

Ⅰ.①中⋯　Ⅱ.①卞⋯　Ⅲ.①财政政策—研究—中国②货币政策—研究—中国　Ⅳ.①F812.0②F822.0

中国版本图书馆 CIP 数据核字（2017）第 315971 号

出版
发行　**中国金融出版社**

社址　北京市丰台区益泽路 2 号
市场开发部　（010）63266347，63805472，63439533（传真）
网 上 书 店　http://www.chinafph.com
　　　　　　（010）63286832，63365686（传真）
读者服务部　（010）66070833，62568380
邮编　100071
经销　新华书店
印刷　北京市松源印刷有限公司
尺寸　169 毫米×239 毫米
印张　10
字数　152 千
版次　2017 年 12 月第 1 版
印次　2017 年 12 月第 1 次印刷
定价　33.00 元
ISBN 978 - 7 - 5049 - 9366 - 3
如出现印装错误本社负责调换　联系电话(010)63263947
编辑部邮箱：jiaocaiyibu@126.com

　　物价水平是关系到国民经济稳健运行与民众生活质量的核心经济指标，保持物价水平稳定是各国宏观经济调控的主要目标之一。现阶段，仅从居民消费价格指数（CPI）这一指标来看，我国的通胀压力并不大，但若由此判定我国物价水平趋于稳定，从而不关注或者较少关注物价波动问题，无疑是轻率且有害的。中国经济发展进入新常态之后的相当长时期内，都面临着较大的潜在通胀压力。从经济的供给侧看，劳动力成本、自然资源价格、环境成本、技术进步的成本等全面系统性地提升，加之实体经济与虚拟经济之间出现明显失衡，资产价格泡沫推高了资本要素的价格。多种因素叠加，企业部门价格水平出现明显上涨态势，并存在向下游传导的可能。2017年上半年，工业生产者出厂价格指数（PPI）同比上涨6.6%，工业生产者购进价格指数（PPIRM）同比上涨8.7%，央行监测的企业商品价格（CGPI）上半年同比上涨亦达7.6%，以上述三项指标衡量的生产价格增速均处于近六年来的最高位。从经济的需求侧看，一系列富民增收政策提升了居民购买能力，居民消费意愿持续增强；产业结构转型升级往往伴随着大规模固定资产更新，潜在投资需求巨大；"一带一路"倡议得到沿线国家积极响应，外贸回升势头显现。成本推动型和需求拉动型通胀的条件均客观存在，潜在通胀风险不容忽视。从经济运行总体态势上看，现阶段经济增速换挡、结构调整阵痛、新旧动能转换等多重因素相互交织，致使通货膨胀形成机理与动态机制日趋复杂。在此背景下，如何有效管控物价成为现阶段我国宏观调控部门面临的重大问题。

　　长期以来，稳定物价被认为是央行的主要职责，货币政策被当作调控物价水平的主要手段，甚至是唯一手段。然而，许多国家的通胀治理实践显示，财政因素也在物价水平决定过程中发挥不可忽视的作用。国内外许多学者开始尝试从财政视角重新审视物价变动过程，探索有效调控物价的举措。Leeper（1991）、Sims（1994）和 Woodford（2001）等文献提出和完善了"物价水平决定的财政理论"，简称 FTPL（Fiscal Theory of Price Level），提出财政政策也在物价水平决定和通货膨胀治理中发挥重要作用。因此，一国的物价调控必须兼顾货币政策和财政政策，只有使二者相配合、相协调才能最终实现稳定物价的宏观调控目标。财政、货币政策对物价水平作用的"合力"并非简单的"一加一"，二者的协调配合程度依赖于财政货币政策体制类型。在不同的政策搭配组合下，财政货币政策对物价水平的影响机理、调控效果不尽相同。具体而言，在非李嘉图体制下，财政政策和货币政策可分别直接作用于稳定价格水平；在李嘉图体制下，财政货币政策搭配组合可分为"货币主导"和"财政主导"。我国财政货币政策体制是李嘉图制还是非李嘉图制？如果是李嘉图体制，政策搭配组合应该选择货币主导还是财政主导？财政政策与货币政策应该如何分工、协调和搭配，如何构建有效调控物价的我国最优财政货币政策体制类型？这些问题有待进一步深入研究。

　　为此，本人与团队成员一起对中国物价调控过程中财政政策与货币政策之间的搭配和协调、中国最优财政货币政策体制构建等问题展开了深入研究，并将这些问题作为本人担任首席专家的国家社会科学基金重大项目"基于物价调控的我国最优财政货币政策体制研究"（项目批准号：12&ZD064）的子课题五。历经四年深入系统的研究，预定研究计划顺利完成，重大项目免鉴定结项，相关学术成果见刊于《经济研究》《金融研究》《世界经济》等权威学术期刊。本书是重大项目"基于物价调控的我国最优财政货币政策体制研究"子课题五的最终研究报告，由上述研究成果中归属于"中国财政货币政策体制类型识别与最优选择"子课题的研究成果整合凝练而成。相关成果主要来源于卞志村、毛泽盛、尹雷、杨源源、赵亮、唐燕举、刘子钏、刘驰、周君荣、李鹏鹏等人的学术论文。本书的具体撰写任务分工如下：第一章导论部分由赵亮撰写；第二章"中国财政货币政策对物价影响的理论探讨与实证分析"由卞志村、刘驰、赵亮、刘子问撰写；第三章"李嘉图抑或非李嘉图：中国财政货币政策制度识别"由尹雷、赵亮、毛泽盛、周君荣、李鹏鹏撰写；第四章"李嘉图制度下中国最优财政货币政策体制选择"由卞志村、唐燕举、杨源源撰写；第五章"中国最优财政货币政策体制构建：十条建议"由卞志村撰写。赵亮对各章节初稿进行统稿整理，王宇琨、吴康成、朱敏和陈发进行了后期格式编排、文本审校工作。本书终稿由卞志村审定。本书的具体研究内容分为以下五章：

第一章为导论。本章首先回顾了改革开放以来中国财政货币政策协调搭配政策态势的历史演变，并提出政策搭配所存在的问题；其次，系统梳理了财政货币政策体制类型的分类方式，并结合模型简要介绍各种政策体制下物价水平的决定机理和影响因素；最后给出本书研究的逻辑框架。

第二章为中国财政货币政策对物价影响的理论探讨与实证分析。本章首先梳理了财政货币政策对物价影响的经典理论，之后从三方面探析财政货币政策对物价的影响：一是考察财政赤字和货币政策操作规范对物价水平的影响；二是将财政支出细分为生产性和非生产性两类，考察结构性财政支出下我国最优货币政策规则选择问题；三是将市场化进程纳入模型，分析市场化进程对财政货币政策物价调控效果的影响。

第三章为中国财政货币政策制度属性识别。物价水平的财政决定理论（FT-PL）认为，财政当局能否决定价格水平，取决于财政货币政策的制度属性，即政府是否能在无限期中维持对实际债务的偿付能力。在李嘉图制度下，价格水平由财政和货币政策中主动的一方决定；在非李嘉图制度下，即使没有货币政策配合，财政政策也能直接决定物价水平。对调控政策制度属性的识别，是后续研究的前提和基础：若我国财政政策具有非李嘉图制度属性，则无所谓"主动"与"被动"之分，最优体制选择也就无从谈起。本章基于政策操作视角和局部制度模拟视角对我国财政政策的制度属性进行识别，得出了我国财政政策具有李嘉图制度属性的研究结论。

第四章为李嘉图制度下中国最优财政货币政策体制选择。本章首先从经济运行数据和政策态势出发进行经验分析，提出政策搭配需要向主动货币、被动财政的政策组合转型；随后构建新凯恩斯动态随机一般均衡模型，通过数值模拟方法对比分析两种体制下经济体中关键变量的变动路径，并计算社会福利损失，据以甄选最优体制。数值模拟与经验分析互相印证，研究结论表明主动货币、被动财政的政策组合是现阶段中国财政货币政策体制的最优选择。

第五章为中国最优财政货币政策体制构建的十条建议，为我国财政货币政策体制的转型规划了路径。

本书从物价调控视角出发，全面回顾了改革开放四十年来我国物价波动状况与财政货币政策协调搭配的演进历程，系统阐述了财政货币政策体制分类及其物价决定机理。在此基础上，本书综合运用理论分析与实证检验方法深入研究了我国财政货币政策对物价水平的影响，精准识别了中国财政货币政策体制的属性，深入探讨了李嘉图体制下中国最优财政货币政策体制的选择问题，并提出了相应具有针对性和可操作性的政策建议。本书的研究不仅可以丰富和完善国内有关物价水平决定和调控的财政货币政策搭配理论相关研究，也可为新时代背景下我国财政货币政策体制转型提供重要理论参考与借鉴，为创新和完善物价调控方式提供有说服力的依据，从而提升物价调控过程中财政货币政策的协调性和有效性。

新时代背景下我国宏观经济形势纷繁复杂，财政货币政策体制转型任重道远，相关学术研究尚待继续深入推进。本人与课题组成员虽尽心竭力，奈何力有不逮，书中难免存在错漏和不完善之处，恳请各位专家学者批评指正！

卞志村

2017 年 12 月

目　录

第一章

导 论

物价稳定可以有效促进经济增长与社会和谐，是宏观调控的重要目标。通常而言，维持物价稳定的任务被指派给中央银行，而货币供应量则是中央银行物价调控的直观反映，然而宏观经济形势错综复杂，物价水平的影响因素不胜枚举。实践中人们发现，财政扩张往往伴随着通胀水平的升高。这也引起了学界的高度关注，物价水平的财政决定理论（Fiscal Theory of Price Level，FTPL）随之兴起，并逐渐形成了比较完善的理论体系。

财政、货币政策对物价作用的"合力"并非是简单的"一加一"，二者协同的政策效果依赖于财政货币政策的体制类型。在不同的政策组合下，财政货币政策对物价水平的影响机理不尽相同。简言之，在非李嘉图制度下，财政和货币政策可以分别直接作用于稳态价格水平；而在李嘉图制度下，财政货币政策一者主动操作、另一者受预算约束而被动配合，稳态价格水平主要由主动的一方决定。

表 1-1　　　　　　不同体制下财政货币政策对物价的影响路径

	李嘉图体制		非李嘉图体制
	货币主导	财政主导	
货币政策	外生，主动	内生，被动	外生，主动
财政政策	内生，被动	外生，主动	外生，主动
价格影响路径	$M \rightarrow P$	$B \rightarrow M \rightarrow P$	$B \rightarrow P$ $M \rightarrow P$

2008 年国际金融危机以来，国际国内经济形势更加错综复杂，潜在通货膨胀压力较大，研究和甄别适合我国国情的最优财政货币政策体制组合，在当下具有突出的现实意义。近年来，财政货币部门协调渠道逐步建立，宏观调控经验愈加深厚，对政策工具的运用也日渐纯熟，这也为选择和构建最优财政货币政策体制并以此实现有效宏观调控奠定了基础。

在本导论中，我们在第一节首先对中国财政货币政策态势的历史演变作简单回顾，试图研判我国过往的政策选择与体制转型中存在的问题。随后在第二节中从理论层面分析不同政策搭配体制下物价决定的内在机理，为后续的实证分析奠定理论基础。最后，基于前两节的分析，我们在第三节中对本书剩余部分的内容安排和结构框架进行说明，并给出全书的逻辑架构图。

第一节　中国财政货币政策态势的历史演变

一、财政货币政策配合的历史回顾

改革开放以来，我国财政货币当局不断相机抉择，结合我国实际精准施策，为促进经济持续、高速增长提供了比较坚实的保障。回顾改革开放以来的三十余年，我国财政货币政策搭配共有过 11 次比较明显的调整。

（一）1979—1980 年："双松"的财政政策与货币政策

"文化大革命"和长期以来的计划经济体制给国民经济造成了巨大创伤。1978 年底，我国经济处于崩溃边缘。为扭转颓势，1979 年 3 月，中共中央政治局召开会议，讨论国民经济调整问题，最终同意国家计委修改和调整 1979 年国民经济计划的意见，并决定用三年时间调整国民经济。同年 4 月 5 日，中共中央召开工作会议，我国开始实行"双松"的财政政策与货币政策，试图以此拉动经济增长，改善人民生活。在此政策组合之下，银行增发票据 135 亿元，增加贷款 565 亿元，导致 1979 年和 1980 年连续两年出现多达近 300 亿元的高额赤字，1980 年全国零售物价总指数由 2% 突升至 6%。不难发现，在以计划经济为主导的经济体制下，积极宽松的财政政策和货币政策并不能有效地发挥对经济的刺激和拉动作用，反而导致了巨额赤字与严重通货膨胀。这种结果显然与当时我国特殊经济体制下，只关注刺激经济增长而忽视物价水平稳定的政策目标有关。

（二）1981 年：紧缩的财政政策和宽松的货币政策

1981 年，为了管控日益严重的财政赤字问题，我国开始实施紧缩性财政政策，大幅削减财政支出，特别是基本建设投资。当年基建投资规模由前一年的 558 亿元缩减到 1981 年的 422 亿元，降幅达 20.8%，其中国家直接安排的投资由 349 亿元减少到 251 亿元，降幅 28%。截至年底，我国财政总支出下降约 8 个百分点，财政赤字由上年的 127.5 亿元下降到 25.5 亿元，比 1980 年实际减少了 102 亿元，上一阶段政府对经济过度支持带来的巨额赤字状况得到有效改善，财政预算执行情况也反映了财政政策的稳健取向。与此同时，为了继续支持经济增长，1981 年工业贷款增加了 79.8 亿元，比上年增长 10.8%，商业贷款增加了 223 亿元，增长幅度达 15.5%。这种"紧松"搭配的政策组合模式取得了较好的成效，1982 年国民经济全面复苏，工农业总产值和国民收入分别比上年增长 8.8% 和 8.3%，成为我国改革开放以来合理运用财政—货币政策组合模式实现有效宏观调控的成功案例。

（三）1982—1984 年："双松"的财政政策和货币政策

这一阶段中，由于财政"分灶吃饭"体制和两步利改税的实施，财政收入增长放慢，在 GDP 中所占比重不断下降。而财政统支的局面却未改变，财政补贴不断增加，财政赤字逐年扩大。加之货币发行过多，信贷规模扩张，社会固定资产投资规模不断膨胀，甚至出现了投资、消费、信贷和进口严重失控的局面，总供给和总需求失衡的矛盾日益突出。我国不甚合理的财政支出规模结构与严重匮乏的财政增收渠道，导致供需矛盾进一步凸显。这一阶段央行对货币发行数量的把握有所欠缺，直接造成了社会信用膨胀和物价上涨的困境。

（四）1985 年："双紧"的财政政策和货币政策

为了解决前一阶段所存在的严重问题，我国在 1985 年采取了一系列有效措施控制投资规模、消费规模、信贷规模和外汇规模。相关措施的成功落实有效抑制了经济过热的现象，工业增长速度由上半年的 23.1% 下降到第四季度的 10.2%，基本建设投资增长速度由上半年的 43.5% 下降到第四季度的 30.8%，消费基金过快的增长势头也得到了遏制，贷款规模控制在国家计划以内，货币投放比上年减少 366 亿元，财政自改革开放以来首次出现盈余。

（五）1986—1988 年："双松"的财政货币政策搭配

1985 年所实行的"双紧"政策搭配方式有效遏制了投资、消费和信贷膨胀的势头，但是，一些人认为这样做不利于我国经济发展，各地加速经济增长和投资扩张的内在动力依然十分强劲，因而从 1986 年开始，宏观经济政策又开始出现松动，财政赤字继续扩大，银行信贷和货币投放严重失控，投资和消费迅速反弹。1988 年全年商品零售物价总指数上升至 18.5%，导致银行存款挤兑和商品抢购风潮的发生。前一年"双紧"的政策搭配组合对于遏制经济过热势头效果尚佳，但当时的经济条件下保持持续的经济高增长相对来说更加受到人们关注，社会经济各方面协调稳定发展的意识并不强烈，从而导致片面追求经济增长而忽视物价稳定，导致社会上出现银行挤兑和抢购物资的现象。

（六）1989—1991 年："双紧"的财政货币政策搭配组合

针对经济过热和通货膨胀现象，1988 年 9 月，中共中央政治局召开中央工作会议，正式作出治理经济环境、整顿经济秩序、全面深化改革的决定。会议指出：1989 年和 1990 年要把改革和建设的重点放到治理经济环境、整顿经济秩序上来。从 1988 年底开始，中央接连出台了严格贷款发放、储蓄保值贴补、提高存贷款利率等一系列紧缩性措施。1989 年 11 月，中央又作出了进一步治理整顿和深化改革的决定：进一步清理固定资产投资项目，实行从紧的财政货币政策，清理整顿流通领域里的公司，加强市场和物价管理等。重拳之下，1990 年零售物价指数增幅由 1988 年的 18.5% 猛跌至 2.1%，货币发行量和固定资产投资规模均明显下降，市场疲软，工业生产不断下滑，出现改革开放以来经济发展的最低潮。这一阶段一系列的整顿和改革措施虽然导致经济发展状况不佳，但是不难发现中央以及政策制定者已经开始意识到市场改革和物价管理对于一国经济发展的重要性，为后来成功的政策搭配实施奠定了基础。

（七）1992—1997 年：适度从紧的财政政策和货币政策

自 1992 年开始，中国开始实行适度从紧的财政和货币政策，并在 1997 年成功实现了经济"软着陆"。在这一阶段，从紧的政策操作主要表现在以下几方面：（1）大力增加财政收入，严格控制财政支出，从 1992 年开始，财政收入的增长逐步领先于财政支出的增长，1997 年财政收入占 GDP 的比重达到 11.5% 左右，中央财政收入占财政收入总额的比重为 48% 左右，中央政府稳定经济增长的整体实力大大增强。（2）调整财政支出结构，强化固定资产投资管理，优化固定资产投资结构。从 1993 年下半年开始，中央强化了固定资产投资管理措施，停建、缓建部分基本建设项目，使投资规模增长速度从 1993 年的 58.6% 下降到 1995 年的 17.5%，引导资金向农业、基础产业倾斜，使投资结构得到优化。同时为解决行政经费支出急剧膨胀问题，各级政府结合机构精简和职能转变，削减了 20% ~30% 的行政经费。（3）严格货币发行，适时调整利率，控制信贷规模。1993—1997 年中央银行强化了货币发行的控制力度，使货币供应量维持在计划目标范围内。同时为整顿金融秩序，控制信贷规模的增长水平，中央银行于 1993 年两次提高存贷款利率，而后中央银行又根据具体情况，于 1996—1997 年多次降低利率，在"从紧"的基础上有效地保证了"适度"的货币政策调控力度。

总结这一阶段的财政货币政策配合实践，不难看出，无论是财政政策还是货币政策都发生了实质性的改变。就财政政策而言，成功地由巨额财政赤字过渡到财政增收减支的新阶段，财政收入占国民收入的比重逐步提高，这不仅有利于提高财政对宏观国民经济的调控能力，而且也能更好地发挥财政政策在促进经济发展过程中的主导作用。同时，财政支出结构进一步完善和优化，逐步向"三农"和存在瓶颈的基础产业倾斜，有利于实现社会经济的均衡协调发展。总之，适度从紧的财政政策和货币政策取得了很大成效，不仅有力控制了通货膨胀，而且保持了国民经济的持续高速增长，国民经济实力不断增强的同时经济振荡幅度很小，基本实现了经济"软着陆"的目标。

（八）1998—2003 年：积极的财政政策和稳健的货币政策组合

1998—2003 年，一方面由于受到亚洲金融危机的影响，另一方面为了尽快适应加入 WTO 后的激烈竞争，我国将适度从紧的财政货币政策转变为积极财政、稳健货币的政策组合。在货币政策方面，1998 年人民银行将法定存款准备金率从 13% 降低到 8%，1999 年 11 月再次下调法定存款准备金率 2 个百分点，使商业银行增加可自主使用的资金约 2 000 亿元。同时于 1998 年、1999 年两年内 4 次降低金融机构法定存贷款利率，在降低利率的同时对利率结构进行了较大幅度的调整，使长期贷款利率下调幅度大于短期贷款利率下调的幅度，以降低企业成本、促进企业投资；央行努力增加对商业银行的再贷款，以保证基础货币的适度增长等。

在财政政策方面，1999 年 11 月，政府当局对存款征收利息税，以使一年期存款的实际利率下降至 1.8% 的水平，从而减少居民存款，刺激投资和消费行为。同时更加强调资金投向的政策性，财政支出和信贷投放向支持科技进步、经济结构调整和扩大消费倾斜。2001—2002 年，货币供应量基本保持平稳增长的态势，其后增速有所上升，金融机构存贷款和国家外汇储备有明显增长。

特别地，央行于 1998 年取消了对商业银行的信贷控制，这大大增强了商业银行在信贷资金配置方面的自主性。

（九）2004—2007 年：稳中趋紧的财政政策和货币政策

这一时期新政策组合的核心思想和目标是防止经济过热。财政政策的目标是"控制赤字、调整结构、推进改革、增收节支"，与之相配合，货币政策的目标则主要是适当回收流动性。在此阶段，财政和货币政策协调开始出现向"双紧"过渡的趋势。

财政政策在更加注重增加固定资产投资和推动经济增长的同时，实现了财政支出的结构调整。2005 年财政预算赤字由 3 198 亿元减少到 3 000 亿元，在社会保障补助支出、抚恤和社会福利救济费、教育支出分别实现了同比 22.6%、21.4% 和 17% 的快速增长。而货币政策则总体稳中偏紧，意在抑制流动性过剩、防止通货膨胀。主要表现在调低货币供应量增长的目标，2004 年初定广义货币供应量增长率为 17%，2005 年进一步调低至 15%。信贷增长率也较上年有所回落，2005 年 8 月末全部金融机构各项贷款本外币并表余额为 20 万亿元，同比增长 13.2%，增幅比上年同期低 1.3 个百分点。同时进一步推进利率市场化，放开了贷款利率上限和存款利率下限。

（十）2008—2010 年：积极的财政政策和适度宽松的货币政策

受国际金融危机的影响，经济增速急剧下滑。国务院迅速作出调整，经济工作首要任务由起初的"防通胀、防过热"转为"保增长，促内需"，2008 年 7 月财政货币政策也由起初的"稳健的财政政策和从紧的货币政策"微调为"稳健的财政政策和灵活审慎的货币政策"，11 月再度调整为"积极的财政政策和适度宽松的货币政策"。

国际金融危机后，"双松"的政策具体表现为：

（1）扩大政府支出规模。一是加大政府公共投资力度，实施"4 万亿"投资计划，其中中央政府增加公共投资 1.18 万亿元左右；二是增加对低收入群体的补贴，尤其加大对种粮农民、城乡低收入群体的补助力度；三是实施结构性减税措施，从 2009 年起在所有地区和行业推行增值税改革，降低小规模纳税人的划分标准和增值税征收率，减轻企业税负。此外，政府先后 7 次上调出口退税率并增加国债发行规模。

（2）降低存款准备金率和利率。中国人民银行于 2008 年下半年先后 4 次下调存款准备金率，4 次下调存款基准利率，5 次下调贷款基准利率。存款基准利率累计下调 189 个基点，贷款基准利率累计下调 216 个基点。同年，央行在住房抵押贷款领域推行利率市场化改革，允许商业银行在中国人民银行规定的同期限档次基准利率之上，对居民住房抵押贷款的利率向下浮动。

（3）从 2008 年 10 月 31 日起，中国人民银行决定不再对商业银行信贷规划施加硬约束，信贷政策开始放松。此后，信贷投放快速扩张，社会融资规模和货币供应量开始攀升。

（十一）2011—2015 年：积极的财政政策和稳中趋紧的货币政策

2011 年我国开始实施积极的财政政策和稳健的货币政策，这是继 1998 年我国为应对亚洲金融危机转向实施积极的财政政策和稳健的货币政策之后，再次使用"一松一稳"的政策搭配组合。

积极的财政政策体现在：提高城乡居民收入，扩大居民消费需求；合理把握财政赤字和政府公共投资规模，着力优化投资结构；调整完善税收政策，促进结构调整和引导居民消费；进一步优化财政支出结构，保障和改善民生；大力支持经济结构调整和区域协调发展推动经济发展方式转变。而稳健的货币政策则体现在：进一步加强宏观审慎管理，引导货币信贷总量合理增长，保持合理的社会融资规模；根据经济金融形势和外汇流动的变化情况，综合运用利率、存款准备金率和公开市场操作等价格和数量工具，保持银行体系流动性合理适度；实施差别准备金动态调整措施，引导货币信贷平稳适度增长；坚持"区别对待、有扶有控"的原则，加强信贷政策指导，着力引导和促进信贷结构优化；继续优化中小企业金融生态，多方面拓宽中小企业融资渠道；大力推进农村金融产品和服务方式创新。

二、中国财政货币政策搭配存在的问题

在充分了解自改革开放以来我国各个阶段财政货币政策搭配使用的历史后，不难发现，一个国家的财政货币政策在不同的经济发展时期是有所变化的，这说明作为一种制度供给的财政货币政策是特定地域和特定时间的产物，它受到一国内外经济环境和发展阶段的制约。具体来说，改革开放初期，在宏观经济调控政策中，财政政策无疑是居于绝对主导地位的，货币政策的作用及其发挥空间相对有限。1985 年之后，我国的金融体系和金融制度逐步建立并不断完善，这为进一步加强货币政策效应的发挥奠定了良好基础。面临 1997 年的亚洲金融危机，虽然财政政策发挥了非常重要的作用，但在一定程度上货币政策仍然是政策协调的主要一方。2007 年之后，更高开放程度的经济环境下的货币政策面临着更多的难题，仅仅依靠货币政策已无法达到预期效果，需要加强二者的协调配合，发挥更大的政策效力。事实是两者的有效配合对经济发展运行，尤其是 2008 年应对全球性金融危机时起到了积极效果，避免了经济的衰退和萧条。但是由于我国财政货币政策同时发挥效力不足，二者的协调配合模式不完善，影响并限制了其作用空间。具体来说，当前我国财政货币政策搭配使用的过程中存在着以下有待改进和完善之处。

（一）财政政策与货币政策搭配模式过于单一

观察我国历次财政货币政策的搭配进程即可发现：我国在绝大部分时间段里，采取的是"双紧"或"双松"的政策搭配。这一方面说明了政策实施时经济所面临的严峻情况，必须采取比较极端的手段和方法方能稳定局势。另

一方面，也说明我国财政货币政策搭配运用还不够娴熟。财政政策和货币政策并非仅有松和紧两种选择，而应存在一个过渡的中间值，而我国政策当局对于这个中间值的把握似乎还不够准确。历史已经证明，实施松紧同向的财政货币政策，可能因为扩张力度过大，造成严重通货膨胀，不宜作为调控宏观经济的长期手段；也可能导致经济萎缩，使已经投入的一部分生产要素资源因突然的经济收缩而浪费，引起经济衰退、人口失业。因此，简单的采取"双松"和"双紧"的政策搭配模式失去了应对和调控宏观经济运行变化过程中的灵活性。

（二）财政政策与货币政策实施主体之间存在一定的矛盾和分歧

政府和银行在实施各自政策过程中存在着难以避免的矛盾，双方均是站在自身的角度，根据自己对当前经济运行状况的认识，依据自身的调控机制来制定政策，而忽视了两者之间政策实施效果可能存在相互抵消或者削弱的可能性。一来，政府运用银行资金充当第二财政资金投资于基本项目建设来提高总量需求的做法，往往超出了银行的内在规定性，反而会导致银行不能充分发挥币值稳定的作用；二来，财政信用混乱，如各地财政部门为弥补财力不足，减少财政赤字，而展开多头融资，由这部分信用活动所产生的社会信用总量是游离于宏观审慎监控视野之外的，这反过来又会使得货币政策的制定和实施难度加大，进一步加剧了金融秩序的混乱，影响了政策搭配使用的实际效果。

（三）财政投资不断加大，信贷资金和民间资金带动乏力

总结当前我国的财政和货币政策实践及效果，可以发现，积极的财政政策与稳健的货币政策之下，直接和间接的财政投资不断加大，而信贷资金及民间资金带动经济增长的效果却不尽如人意。在社会有效需求不足的情况下，政府通过积极的财政投资可以起到增加投资需求，并相应带动消费需求增长的作用。但是财政资金主要应作为一种引导或启动资金，关键在于如何通过财政资金的投入来引导或启动社会资金的投入，以扩大银行信贷和民间投资的需求。而我国的现实是在财政投资不断加大的同时，银行信贷和民间投资却始终落后。这一现象固然有多方面的原因，但目前我国金融结构的缺陷是其中重要原因之一。随着金融监管的加强和风险防范意识的提高，金融机构对贷款的发放，尤其是

对非国有中小企业贷款发放非常谨慎，出现比较严重和普遍的"惜贷"和"惧贷"现象。

（四）财政政策风险趋大，货币政策传导受阻

长期实行的积极的财政政策无疑会加大政府的债务负担，同时，当前我国财政增收体制尚不够健全，可能导致较高的赤字率并超过债务负担警戒线，从而加剧财政债务风险。另外，货币政策传导机制不健全、传导渠道受阻，导致政策实践无法有效作用于实体经济，甚至会加剧宏观经济波动及恶化程度。

第二节　财政货币政策体制分类及其物价决定机理

一、财政货币政策体制的分类

（一）基于财政货币政策搭配视角的分类（Leeper，1991）

最早从政府行为特性来对财政政策和货币政策进行分类的是 Sargent 和 Wallace。1981 年，Sargent 和 Wallace 发表了一篇经典论文 Some Unpleasant Monetarist Arithmetic，这是价格决定理论发展的一个转折点。Sargent 和 Wallace（1981）描述了一个真实产出和人口都以恒定速率 n 增长的简单经济。经济中政府债券的回报率超过 n。他们沿用了传统的交易方程，认为货币流通速率是恒定的，并且假设这是一个满足货币主义假设的经济中。他们将长期被忽略的政府预算约束（以下简称 GBC）引入模型，在 GBC 条件下重新考虑政策规则，证明了财政政策可以通过政府预算约束对价格决定产生影响。在这篇文章中，Sargent 和 Wallace 第一次使用被动和主动这样的概念，其中货币当局和财政当局通过当期预算约束式成为两个博弈者，先采取行动者就采取了主动政策，后行动者就采取了被动政策。

随后，Leeper（1991）沿用了这种概念，他根据对政府债务冲击的不同反应将经济政策分成被动和主动两种类型，通过一个随机最大化模型来分析货币政策和财政政策的相互作用问题。后来，Davig 和 Leeper（2006）对 Leeper 理论中的政策性质作出了如下具体的定义：积极型货币政策（Active Monetary Policy）

是指名义利率对通货膨胀的反应系数超过 1，反之则为被动型货币政策（Passive Monetary Policy）；积极型财政政策（Active Fiscal Policy）是指税收对债务的反应力度不足以支付实际利息成本，否则为被动型财政政策（Passive Fiscal Policy）。Leeper（1991）的分析表明，政府赤字的融资安排以及均衡价格的存在性和唯一性取决于这两个政策参数，不同的融资安排决定了不同的均衡特征。对此，刘斌（2009）将这些结果概括为以下四种具体情形：（1）在主动的货币政策和被动的财政政策组合（Mix of Active Monetary Policy and Passive Fiscal Policy，简称为 AM/PF）下，模型存在唯一的鞍点（Saddle－Path）解。这里主动的货币政策的含义是名义利率关于通胀率的弹性大于 1，被动的财政政策的含义是政府税收对政府债务水平的反应必须有足够的弹性。这种政策组合实际上意味着，货币政策在稳定实体经济和物价的同时，财政政策必须通过足够的税收来支持其已有的债务规模，从而保证债务水平的稳定。（2）在主动的财政政策和被动的货币政策组合（Mix of Active Fiscal Policy and Passive Monetary Policy，简称为 AF/PM）下，模型同样存在唯一的鞍点解。在这种政策组合下，考虑到政府支出也是外生的情况，此时政府赤字具有相对的任意性，这种任意性必然导致政府债务规模的扩张。虽然政府债务规模的扩张将会对实体经济和物价产生向上的压力，但因为名义利率关于通胀率的弹性小于 1，从而被动的货币政策实际上减轻了政府债务的利息负担，保证了政府债务水平的稳定，政府债务水平的稳定最终保证了其对实体经济和物价的影响仍在可控的范围内。可以看出，在该政策组合下，货币政策在保证名义利率稳定的同时，保证了政府债务水平的稳定，而财政政策在通过相对任意的税收和支出手段调控经济的同时，由于货币政策的支持，债务水平得以控制，从而充当稳定实体经济及物价的角色。以上这种政策组合是 Leeper（1991）对物价水平的财政决定的一种扩展。（3）在主动的货币政策和主动的财政政策组合（Mix of Active Monetary Policy and Active Fiscal Policy，简称为 AM/AF）下，模型的解不存在。虽然中央银行试图通过主动的货币政策达到稳定实体经济和物价的目的，但在政府也采用主动的财政政策情况下，由于税收和政府支出的相对任意性，当名义利率变化较大时，政府的债务水平得不到稳定，因而整个经济将难以达到稳定状态。这种政策组合本质上意味着两种经济政策缺少一种协调机制。（4）在被动的财政政策和被动的货币政策组合（Mix of Passive Fiscal Policy and Passive Monetary Policy，简称为PF/PM）下，模型存在泡沫（Bubble）解。此时，虽然被动的财政政策能够稳定债务水平，但由于被动的货币政策不能稳定通胀率的预期，从而预期通胀率的不确定性导致了物价的不稳定。

通过上述分析可知，只有在财政货币政策一者主动、一者被动的条件下经济体才存在稳态均衡解，如表 1-2 所示。

表 1-2　　　　　　　　不同财政货币政策体制下模型求解结果

财政/货币	AM	PM
AF	非稳定性爆炸性解	唯一理性预期均衡解
PF	唯一理性预期均衡解	不确定性泡沫解

以 Leeper 等人的研究为基础，我们概括得出四种财政货币政策体制类型。不同财政货币政策体制适用于不同的经济环境，我们对四者逐一介绍。一是积极型财政政策和积极型货币政策体制（AF/AM），这种政策组合即是财政政策和货币政策同时采取积极扩张的政策取向，但一般只能用于经济陷于严重萧条，出现恶性通货紧缩，不采取强有力的措施就难以启动经济的状态。由于这种政策扩张的力度过于太大，对经济造成的波动也十分明显，因此，各国政府对这一政策组合的使用始终保持谨慎。二是被动型财政政策和被动型货币政策体制（PF/PM），这种政策组合一般用于经济严重过热、社会总需求大于社会总供给以及通货膨胀严重的时候，同样该政策组合的波动力度也非常大。三是积极型财政政策与被动型货币政策体制（AF/PM），即财政政策采取扩张的趋向而货币政策保持稳健的趋向，这主要是用于经济启动和经济结构调整，因此这阶段财政政策作用比较显著而货币政策的作用不明显，因此该政策的实施对稳定物价的作用较小。四是被动型财政政策和积极型货币政策体制（PF/AM），该政策的要旨是：实施政府财政预算约束，严格控制政府债务规模，同时提高中央银行独立性，加强货币政策制定和实施自主权，明确稳定物价的货币政策目标。

（二）基于政府预算现值约束视角的分类（Woodford，1995）

1995 年，Woodford 在 Leeper 等人的研究基础上，结合所谓的政府跨期预算约束式将财政货币政策体制又分为李嘉图体制（Ricardian Regime，简称 R 体制）和非李嘉图体制（Non – Ricardian Regime，简称 NR 体制）两种类型。

式（1.1）为政府第 t 期的跨期预算约束式。其中，M_t 表示政府在第 t 期的基础货币存量，B_t 表示政府在第 t 期的名义债务，G_t 和 T_t 表示政府在第 t 期的名义支出和名义税收，R_t 表示第 t 期的名义利率。我们将货币存量和名义债务都看作政府的名义负债，且这些债务的名义值在期初是固定的，其实际值则取决于当期的物价水平。

$$M_t + B_t + G_t = T_t + M_{t+1} + B_{t+1}/(1 + R_t) \tag{1.1}$$

用 $D_t = T_t - G_t$ 表示政府在第 t 期的盈余，则式（1.1）可整理为：

$$M_t + B_t = D_t + M_{t+1} + B_{t+1}/(1 + R_t) \tag{1.2}$$

$$M_t + B_t = D_t + \left(\frac{R_t}{1 + R_t}\right)M_{t+1} + \left(\frac{1}{1 + R_t}\right)(B_{t+1} + M_{t+1}) \tag{1.3}$$

将式（1.3）左右两边同时除以名义 GDP 可得：

$$\frac{M_t + B_t}{P_t y_t} = \frac{D_t}{P_t y_t} + \left(\frac{R_t}{1 + R_t}\right)\frac{M_{t+1}}{P_t y_t} + \frac{B_{t+1} + M_{t+1}}{(1 + R_t)P_t y_t} \tag{1.4}$$

其中，等式右边最后一项可变形为：

$$\frac{B_{t+1} + M_{t+1}}{(1 + R_t)P_t y_t} = \frac{P_{t+1} y_{t+1}}{(1 + R_t)P_t y_t} \times \frac{B_{t+1} + M_{t+1}}{P_{t+1} y_{t+1}}$$

$$= \frac{y_{t+1}/y_t}{(1 + R_t)(P_t/P_{t+1})} \times \frac{B_{t+1} + M_{t+1}}{P_{t+1} y_{t+1}} \tag{1.5}$$

所以，式（1.4）可进一步表示为：

$$\frac{M_t + B_t}{P_t y_t} = \left[\frac{D_t}{P_t y_t} + \left(\frac{R_t}{1 + R_t}\right)\frac{M_{t+1}}{P_t y_t}\right] + \left[\frac{y_{t+1}/y_t}{(1 + R_t)(P_t/P_{t+1})}\right]\left[\frac{B_{t+1} + M_{t+1}}{P_{t+1} y_{t+1}}\right]$$

$$\tag{1.6}$$

式（1.6）右边第一个中括号部分代表政府的财政总盈余，括号内的第二项表示中央银行对政府的转移支付占名义 GDP 的比例。式（1.6）右边第二个中括号部分与第三个中括号部分的乘积表示下期政府总负债的贴现值，$\dfrac{y_{t+1}/y_t}{(1 + R_t)(P_t/P_{t+1})}$ 表示贴现因子。式（1.6）也可进一步简化为式（1.7）：

$$w_t + s_t = \alpha_t w_{t+1} \tag{1.7}$$

其中，w_t 是政府总债务 $(M_t + B_t)$ 占 GDP 的比例，s_t 是政府盈余占 GDP 的比例，α_t 表示贴现因子。将式（1.7）向前迭代可得式（1.8）：

$$w_t = s_t + E_t \sum_{j=t+1}^{+\infty} \left(\prod_{k=t}^{j-1} \alpha_k \right) s_j \tag{1.8}$$

在李嘉图体制下，物价水平由货币市场出清决定，而式（1.8）要求在任何价格路径下都成立。因此，对于任何水平的名义收入和贴现因子，政府盈余都由式（1.8）内生决定。而在非李嘉图体制下，式（1.8）只是一个均衡条件，并不要求在任何条件下都满足，政府盈余与当期政府债务没有关系，完全由外生变量决定。因此，在均衡条件下，α_k 和 w_t 取值必须使式（1.8）成立。由上可得 $w_t = \dfrac{M_t + B_t}{P_t y_t}$ 以及名义债务 $M_t + B_t$ 在第 t 期期初是固定的，因此 w_t 的调整只能通过名义收入的变化来实现，而通过贴现因子和名义收入的变化使式（1.8）得到满足。

显然，李嘉图体制是将政府跨期预算方程看作约束条件，不论其他内生变量如何变化，政府跨期预算方程条件都必须满足。这意味着无论价格和利率路径如何，政府债务余额的变化都和预期实际剩余的变化相等，财政波动对总需求没有影响，此时的财政政策只是起到平衡政府跨期预算方程的作用，对价格水平的决定不起任何作用，这样的财政政策具有李嘉图均衡（Ricardian Equivalence）性质，因此相应的财政货币政策体制就叫作李嘉图体制。李嘉图体制包括了被动型财政政策和积极型货币政策体制与被动型财政政策和被动型货币政策体制两种具体的财政货币政策体制。前者与传统理论一致，人们假设调整财政政策只是为了确保政府预算始终处于平衡状态，货币政策当局可以自主确定名义货币量或者名义利率，财政当局根据货币政策调整自己的盈余和支出，使政府跨期预算约束成立，这种情况被称为"货币主导"。这一情况之下财政政策往往被忽视，认为价格水平主要由货币政策决定，财政政策内生化，所得结论和传统的货币数量论并无区别。后者则指，财政当局在确定其税收和支出时，不需要顾忌跨期预算平衡要求，虽然税收的贴现值无法支付政府支出的现值，但是政府可以通过增加铸币税来获得额外的收入，实行赤字货币化，这样，现值预算约束完全可以通过当前或未来的铸币税来平衡，这意味着通货膨胀依旧是一种货币现象。这种情况虽然被称为"财政主导"或"弱式价格水平决定的财政理论",但在这种体制下,跨期预算等式对于任何物价水平均成立,因此它仍属李嘉图体制的范畴。总之,凡是税收或铸币税作出调整以确保满足政府跨期预算约束的制度,都是李嘉图体制。

而非李嘉图体制则将政府跨期预算方程看作均衡条件,认为跨期预算等式并不要求对任何物价水平均成立,而只要求在均衡物价水平下成立,这种情况被称为非李嘉图体制。在这种体制下,财政当局在价格决定方面具有优越性,是价格的决定者,而不是执行者。给定政府未清偿的名义债券量及政府未来盈余贴现和,债券市场出清决定了均衡的价格水平,即政府的跨时预算约束方程并不是一个恒等式。财政当局在发行名义债券时,名义债券的发行量并不受跨时预算约束方程的限制,相反财政当局通过债券的发行可以决定价格水平。价格水平决定的财政理论(FTPL)主要针对的就是非李嘉图体制,从政策搭配的角度理解,它由积极型财政政策和积极型货币政策体制与积极型财政政策和被动型货币政策体制两种具体的财政货币政策体制构成。

(三) Leeper(1991)与 Woodford(1995)分类的区别与联系

Woodford 是从政府预算现值约束视角进行的分类,可以认为是对 Leeper 提出的政策搭配视角分类的进一步完善和拓展。

Leeper 提出了财政货币政策主、被动的划分方法,认为货币数量论的经典结论只在 AM/PF 条件下才成立,在 AF/PM 条件下物价水平则主要由财政政策决定(此即 Leeper 意义上的 FTPL),而双主动(AM/AF)的政策搭配会引致"爆炸性解",经济体无法维持一个稳定的价格水平。这一分析基于一个假设,即政府预算现值约束(PVBC)是一个在每期必须满足的约束条件。

Woodford 放松了 Leeper 对 PVBC 的假定,认为这是一个均衡条件,而不必在每个时期都得到满足。由此,Woodford 划分了李嘉图制度与非李嘉图制度,而李嘉图制度下财政政策主、被动情况下物价决定方式与 Leeper 的分析有内在的一致性。或者说,Leeper 的分析是李嘉图制度下的特例,Leeper 意义上的 FTPL 即 Woodford 意义上的弱式 FTPL 理论。

学界对于 FTPL 问题的研究是一个渐进发展的过程,不同学者的划分口径也存在差异。本书在研究分析中，遵照 Woodford（1995）的分类口径进行研究，由此最优财政货币政策体制的选择问题也就被明确为两个部分：一是当前我国为李嘉图制度还是非李嘉图制度；二是在李嘉图制度下，我们应选择财政主导制还是货币主导制。

二、不同财政货币政策体制下的价格决定

Sargent（1987）明确地阐述了政府预算约束对分析货币问题的重要性，并且还进一步指出了政府债务归还方式的选择（铸币税或税收）是极其重要的，其不同的选择方式会对价格水平的均衡路径造成不同的影响。根据定义，李嘉图体制下的政府，在任何条件下，不管是通过铸币税还是税收，都要保证其跨期预算约束成立，这是一个约束条件。而非李嘉图体制下，政府跨期预算约束则是一个均衡条件。在李嘉图体制下，又可以分为"货币主导"和"财政主导"。前者是假设货币政策主动，财政政策内生化，得出的结论和货币数量论是类似的；后者是假设财政政策主动，货币政策被动响应财政政策，财政赤字货币化，得出的结论是政府债务存量对均衡价格有影响。为了便于理解，这里借用 Sargent 和 Wallace（1987）、Walsh（2010）的模型详细解释李嘉图体制下的货币主导制和财政主导制，以及非李嘉图体制下的价格水平决定的财政理论。它们是进行财政货币政策体制识别与选择的理论基础。

（一）李嘉图制度下的价格决定

假设在经济中的政府预算方程如下：

$$G_t + i_{t-1}B_{t-1} = T_t + (B_t - B_{t-1}) + (H_t - H_{t-1}) \qquad (1.9)$$

其中，G_t 是 t 期政府在商品、劳务和转移支出上的支出；T_t 是 t 期政府税收收入；H_t 通常被称为高能货币，$H_t - H_{t-1}$ 代表 t 期的政府铸币税；B_t 是 t 期民众持有的生息政府债券；i_t 为 t 期名义利率。式（1.9）为政府单期预算方程，小写字母代表变量的实际值，将此方程以实际值表示可得

$$g_t + r_{t-1}b_{t-1} = t_t + (b_t - b_{t-1}) + s_t \qquad (1.10)$$

公众也有自身的预算约束，令公众在每一期收到外生禀赋收入 y_t，并支付一次性税赋 t_t，同时公众持有一定的政府债券，并会在 t 期初收到本息偿付

$(1 + r_{t-1}) b_{t-1}$。最后，公众还会持有上一期带入的货币余额。公众的收入最终分配于消费、实际货币持有以及实际债券的购买上，其实际预算约束为

$$c_t + m_t + b_t = y + (1 + r_{t-1}) b_{t-1} + \frac{m_{t-1}}{1 + \pi_t} - t_t \qquad (1.11)$$

其中，c_t 是 t 期的实际消费，π_t 为 t 期的通货膨胀率。设 Γ_t 为政府税收的折现值，政府保证 ψ 比例的债务由税收来承担：$\Gamma_t = \psi(1 + r_{t-1}) b_{t-1}$，$0 \leqslant \psi \leqslant 1$。若 $\psi = 1$，即全部债务由税收偿还，政府承诺目前未清偿的债务不会超过当期和未来税赋的折现值，此时正是李嘉图体制下的货币主导。若 $\psi < 1$，即为李嘉图体制下的财政主导，在该体制下，铸币税必须作出调整，以确保政府预算约束成立。

因为 Γ_t 是现值，也可以将其写为

$$\Gamma_t = t_t + E_t \left[\frac{\Gamma_{t+1}}{1 + r_t} \right] = t_t + E_t \left[\frac{\psi(1 + r_t) b_t}{(1 + r_t)} \right] \qquad (1.12)$$

故而可以得出：$t_t = \psi(R_{t-1} b_{t-1} - b_t)$，其中 $R = 1 + r$。将式（1.12）代入公众预算约束中，可得

$$c_t + m_t + (1 - \psi) b_t = y + (1 - \psi) R_{t-1} b_t + \frac{m_{t-1}}{1 + \pi_t} \qquad (1.13)$$

在货币主导制下（$\psi = 1$），显而易见，式（1.13）中凡是涉及政府债务的项都可被消去，只有货币存量起作用。但是在财政主导制下，债务项并不能消去。令 $w = m + (1 - \psi) b$，公众预算约束可以简写成：

$$y + R_{t-1} w_{t-1} = \frac{i_{t-1} m_{t-1}}{1 + \pi_t} + c_t + w_t \qquad (1.14)$$

式（1.14）表明家庭的收入指标为 $y + R_{t-1} w_{t-1}$，收入被用来消费、购买金融资产和货币余额。由于资产需求通过 w_{t-1} 而取决于 ψ，均衡价格水平和名义利率也通常取决于 ψ。

为了确定政府担保偿还债务的方式对均衡价格水平的影响，假设效用函数对数可分为：$Ln c_t + a Ln m_t$，那么根据最优消费路径的欧拉条件可以得到

$$c_{t+1} = \beta(1 + r_t) c_t \qquad (1.15)$$

将这些条件代入公众预算约束中，可以得到

$$y + R_{t-1} w_{t-1} = c_t + w_t + \left[\frac{i_{t-1}}{1+\pi_t} \right] a \left[\frac{1+i_{t-1}}{i_{t-1}} \right] \frac{c_t}{\beta(1+r_{t-1})} = \left[1 + \frac{a}{\beta} \right] c_t + w_t$$

$$(1.16)$$

均衡时，有 $c_t = y$，故式（1.16）可以变为

$$R_{t-1} w_{t-1} = (a/\beta) y + w_t \tag{1.17}$$

在稳态时，有 $w_t = w_{t-1} = w^s = ay/\beta(i-1)$，且 $w = m + (1-\psi)b$。所以，稳态时候的均衡价格水平等于：

$$P^s = \left(\frac{\beta r^s}{ay} \right) \left[M + (1-\psi)B \right] \tag{1.18}$$

如果政府的全部债务由税收来偿还（$\psi = 1$）就得到标准的结论，价格水平和名义货币供给量成正比，这与传统的货币数量论是一致的。在货币主导制中，均衡价格水平只与货币存量相关，均衡价格路径为 $M \rightarrow P$。但是如果 $\psi < 1$，那么名义货币供给和名义债务存量会影响价格水平，M 和 B 的同比例变化将导致价格水平的同比例变动。在稳态下，实际变量是固定不变的，所以所有名义量和价格水平必须按照同一个速率变动，也就是说如果 B 增长，那么 M 也一定按照相同的速度增长。均衡价格路径为 $B \rightarrow M \rightarrow P$。

综上所述，如果中央银行实行独立的并值得信任的通货膨胀政策，并且政府可以接受央行的货币主导型政策的话，传统的由货币量决定价格水平的过程是必定成立的。然而，在财政主导型的经济体系中，财政政策对价格水平也是具有影响的，但是要注意的是，财政政策到价格水平的过程必须经过货币这个中间过程。

这两种情况在现实中都存在。近年来，许多发达国家都努力保证中央银行的独立性，或者央行直接宣布盯住通货膨胀率。与此同时，这些国家的财政当局也出台了很多限制财政政策的法案，比如英国的"黄金规则"、欧盟的"马约"和美国的"Pay-as-you-go"政策。这些国家都将管理通货膨胀的重任交给了中央银行，赋予了央行很高的独立性，同时财政当局也积极配合央行，控制其财政支出，也即保证 $\psi = 1$，这些国家无一例外地处于货币主导区制，且对与通货膨胀的控制颇有成效。与此同时，也有一些爆发了恶性通货膨胀的国家（比如二战时的德国以及 20 世纪 80 年代的玻利维亚等），这些国家的恶

性通货膨胀的罪魁祸首往往都是因为巨额的财政赤字，央行完全受命于财政当局。这些典型案例说明，当政府不得不靠印发货币来为政府开支融资时，很可能会导致恶性通货膨胀。

（二）非李嘉图制度下的价格决定（FTPL）

和李嘉图体制下的分析大相径庭的是，价格水平的财政理论认为，政府跨期预算方程并不是一个约束条件，而是一个均衡条件，只在均衡的价格水平时成立。本节借用 Walsh（2010）的理论模型来说明 FTPL 理论。

代表性家庭在跨期预算约束下，最优化选择消费和资产。假设代表性家庭在 t 时刻面临的预算约束为

$$D_t + P_t y_t - T_t \geq P_t c_t + M_t^d + B_t^d = P_t c_t + \left(\frac{i_t}{1+i_t}\right) M_t^d + \left(\frac{1}{1+i_t}\right) D_{t+1}^d$$

$$(1.19)$$

其中，D_t 为家庭在期初拥有的金融财富，且 $D_{t+1}^d = (1+i_t) B_t^d + M_t^d$，$B^d$ 和 M^d 分别是家庭对生息债务和货币的需求。将式（1.19）转为真实值表示，可以得到式（1.20）：

$$d_t + y_t - \tau_t \geq c_t + m_t^d + b_t^d = c_t + \left(\frac{i_t}{1+i_t}\right) m_t^d + \left(\frac{1}{1+r_t}\right) d_{t+1}^d \quad (1.20)$$

其中，$\tau_t = T_t/P_t$，$m_t^d = M_t^d/P_t$，$(1+r_t) = (1+i_t)(1+\pi_{t+1})$，$d_t = D_t/P_t$。令折现率为 $\lambda_{t,t+i} = \prod_{j=1}^{i} \left(\frac{1}{1+r_{t+j}}\right)$，且有 $\lambda_{t,t} = 1$，式（1.20）可写成：

$$d_t + \sum_{t=0}^{\infty} \lambda_{t,t+i}(y_{t+i} - \tau_{t+i}) = \sum_{t=0}^{\infty} \lambda_{t,t+i}\left[c_{t+i} + \left(\frac{i_{t+1}}{1+i_{t+1}}\right) m_{t+i}^d\right] \quad (1.21)$$

该等式左边是家庭的初始实际金融财富和税后收入折现值之和，右边是消费支出加持有货币实际成本的折现值，其最优条件要求式（1.20）中的等号成立。政府的预算约束如式（1.10）所示，将 d_t 代入式（1.10）中，对未来的 d_t 值进行递归迭代，可得

$$d_t + \sum_{i=0}^{\infty} \lambda_{t,t+i}(g_{t+i} - \tau_{t+i} - s_{t+i}) = \lim_{T \to \infty} \lambda_{t,t+i} d_T \quad (1.22)$$

因为货币市场均衡要求货币供给等于货币需求，假设没有资本，则商品市

场均衡要求：$y = c + g$，将此代入家庭预算约束中，重新整理可得

$$d_t + \sum_{i=0}^{\infty} \lambda_{t,t+i} \left[g_{t+i} - \tau_{t+i} - \left(\frac{i_{t+1}}{1 + i_{t+1}} \right) m_{t+i} \right] = 0 \qquad (1.23)$$

因此，代表性家庭的最优化问题和市场均衡表明，在均衡状态下，式（1.23）必定成立。在李嘉图体制下，式（1.23）并不对均衡施加额外限制，因为总是可以调整政策变量，以保证该条件始终成立。但在非李嘉图政策下，它确实构成一项在均衡时必须满足的附加条件。利用 d 和铸币税的定义，将式（1.23）转化成：

$$\frac{D_t}{P_t} = \sum_{i=0}^{\infty} \lambda_{t,t+i} \left[\tau_{t+i} + s_{t+i} - g_{t+i} \right] \qquad (1.24)$$

在 t 期，政府未清偿名义负债 D 由过去的政策事先决定。给定政府未来盈余折现值，唯一的内生变量即为等式左边的当期价格 P，只有价格作出调整，才能确保式（1.23）成立。实际货币余额需求如下：

$$\frac{M_t}{P_t} = f(1 + i_t) \qquad (1.25)$$

在均衡时，式（1.24）和式（1.25）都必须成立。但是，哪些变量由这两个方程联合决定，则要取决于对财政、货币政策所做的假设。由于名义负债在 t 期前已经事先决定，通过式（1.24）得出均衡价格水平为

$$P_t^* = \frac{D_t}{\sum_{i=0}^{\infty} \lambda_{t,t+i} \left[\tau_{t+i} + s_{t+i} - g_{t+i} \right]} \qquad (1.26)$$

当期名义货币供给由式（1.25）决定：

$$M_t = P_t^* f(1 + i) \qquad (1.27)$$

该均衡有一个特点，财政政策的变化直接改变均衡价格水平，价格水平可以由式（1.26）唯一决定。这一结论是从式（1.25）得来的：由于盯住了 i，式（1.25）的右边也就固定了，但这只是确定了实际货币供给。当调整 M 确保式（1.25）成立时，任何价格都是与均衡一致的。

FTPL 的关键性假设是政府的跨期预算平衡是一个均衡条件而不是约束条件。这表明，当价格不同于 P_t^* 时，政府计划产生的盈余的折现值不等于政府未清偿的实际负债。这也说明，政府可以削减当期税收，保持当期和未来开支和

铸币税不变，而不会同时提高未来税赋。如果式（1.24）视为任何价格水平上都须成立的预算约束，即在李嘉图体制下，任何削减当期税收［使式（1.24）右边减少］的决定，都必须伴随有未来增税计划，以使该式右侧不变。

（三）李嘉图体制与非李嘉图体制的比较

货币主导、财政主导下的李嘉图体制和非李嘉图体制的区别如表 1 - 3 所示，在货币主导中，货币政策是主动的、外生的，其价格影响路径是传统的货币供给量。财政主导中，货币政策是被动的、内生的，其作用完全是为了服务于财政政策，但即使是如此，财政政策影响物价，其还是要通过货币政策路径。非李嘉图体制中，两种政策都是主动的，单独的货币政策不能决定物价，财政政策和货币政策联合决定物价，此时的价格影响不通过货币政策路径，直接通过财政政策变量影响价格水平。

表 1 - 3　　　　　　不同体制下财政货币政策对物价的影响路径

	李嘉图体制		非李嘉图体制
	货币主导	财政主导	
货币政策	外生，主动	内生，被动	外生，主动
财政政策	内生，被动	外生，主动	外生，主动
价格影响路径	$M \to P$	$B \to M \to P$	$B \to P$ $M \to P$

式（1.28）由单期政府预算约束迭代得到，变量定义同前文。若该式最后一项等于零，即 $\lim\limits_{t \to \infty} \dfrac{b_{t+i}}{(1+r)^i} = 0$，那么，政府的开支和税收计划就满足跨期预算平衡的"无蓬齐"条件（No Ponzi Condition）。

$$(1+r)b_{t-1} + \sum_{i=0}^{\infty} \frac{g_{t+i}}{(1+r)^i} = \sum_{i=0}^{\infty} \frac{t_{t+i}}{(1+r)^i} + \sum_{i=0}^{\infty} \frac{s_{t+i}}{(1+r)^i} + \lim_{t \to \infty} \frac{b_{t+i}}{(1+r)^i}$$

$$(1.28)$$

在此条件下，令基本盈余 $w = t + g - s$，跨期政府预算平衡意味着：

$$(1 + r)b_{t-1} = \frac{M_{t-1} + (1 + r_{t-1})B_{t-1}}{P_t} = E_t \sum_t^T \left[q,t\left(T_t + \frac{r_t}{1 + r_t} \times \frac{M_t}{P_t} - G_t \right) \right]$$

$$= \sum_{i=0}^{\infty} \frac{w_{t+i}}{(1 + r)^i} \tag{1.29}$$

式（1.29）是理论推导的核心公式。上式的重要意义在于，政府未清偿债务的现值必须等于未来基本盈余的现值，产生盈余的方法包括调整税收、政府支出以及铸币税。李嘉图体制和非李嘉图体制的根本性分歧就在于对式（1.29）的理解和认识。如果政府认为式（1.29）是个必须满足的预算约束，货币当局通过调整名义利率或控制货币供给量等手段决定价格水平，那么财政当局就必须在给定的价格水平上调整基本盈余 w 使式（1.29）成立，即当期支出增加带来的债务必然要由以后的盈余来偿还。这样的政策体制就叫"货币主导体制"。此时，价格完全由货币当局所决定，货币政策占主导地位，财政政策起辅助作用，财政当局所做的只是在给定的价格水平上，调节自己的支出和收入，使政府跨期预算方程成为在任何价格下都成立的约束条件。

反之，若政府在制定财政政策时不考虑跨期预算方程，即所谓的"财政主导体制"，此时货币当局需按式（1.29）调整自身的行为，以保证政府偿债能力。例如当财政处于赤字状态中，货币当局增发货币响应财政政策，这不但会提高价格增加政府的铸币税收入，同时也会降低政府基本债务的实际价值。此时的货币政策不是独立自主的政策，从属于财政政策，式（1.29）完全可以通过当前或未来的铸币税来保证平衡。

在另一种渠道下式（1.29）也能成立。如果政府处于财政赤字中，但是货币当局并未对财政变量直接作出反应——即政府在赤字时，并没有考虑增加盈余保证跨期预算成立，同时，货币当局也不增加货币投放来保证式（1.29）成立。此时，跨期预算方程并不是约束条件，即李嘉图等价不成立，但财政政策的财富效应仍然发挥作用，使得消费增加，价格上涨，进一步导致当期政府债务实际值下降，最终式（1.29）的跨期预算平衡在均衡时再度成立。此时，价格水平完全是由财政政策所决定，这也正是价格水平财政理论与传统货币理论的关键区别。政府在考虑基本盈余的时候不考虑跨期预算方程是否成立，即是"非李嘉图性质"的财政政策。值得注意的是，此处的 FTPL 成立有一个隐含的前提：货币政策是独立自主的政策，并不直接对财政变量作出反应。

（四）李嘉图与非李嘉图体制的现实意义

非李嘉图体制可能导致通货膨胀，这不仅仅是模型推导得到的结论，在现实中也是存在其典型案例的。在 20 世纪 70 年代末，巴西的通货膨胀率基本保持稳定，但在 80 年代早期该国价格水平明显走高，最终在 1985 年形成了恶性通货膨胀。Loyo（1997）认为之所以出现这种现象，是因为 1980 年巴西货币当局确定了更加反通货膨胀的利率政策。他证明了尽管 20 世纪 70 年代通货膨胀存在波动，但其间国债名义利率非常稳定，而 80 年代早期的名义利率与通货膨胀的增加相比增加得更多，因此判断政策规则从名义短期利率对名义通货膨胀率的弹性小于 1 转变为大于 1。如果我们假定财政预期在货币政策变化前后保持不变，则意味着在 1980 年前的均衡通货膨胀可以很好地保持稳定，而货币政策的变化反而会造成通货膨胀螺旋上升。

那么在 20 世纪 80 年代，美国货币政策向泰勒规则转变，为什么没有导致一个类似的通货膨胀螺旋呢？最有可能的原因是，通过一系列的财政改革，美国的货币政策转向伴随着非李嘉图的财政政策预期。在 20 世纪 80 年代中期的美国，人们对公共债务规模的关注度不断提升，约束政府预算的呼吁越来越高，1985 年的 *Gramm - Rudman - Hollings Act* 说明对公共债务规模的关注度已经成为了每股联邦预算演变的重要决定因素。如果公众预期财政政策为李嘉图制度，那么价格就会在均衡点左右浮动。巴西和美国启示我们，按规则办事的货币政策可以在一定程度上消除通胀偏差，但要想实现有效的物价调控，还需要对财政政策施加一定的约束。

第三节 研究内容与框架概述

本章前两节论述表明，财政政策与货币政策之间的搭配体制是物价水平的决定因素。在不同体制下，政策操作对均衡价格水平的影响有不同的传导路径，进而有不同的调控效果。由此自然而然地引发出两个问题：一是我国财政货币政策搭配体制究竟是李嘉图制度抑或非李嘉图制度，二是在确定了我国财政货币政策制度属性后，应选择怎样的政策组合。为对这两问题进行深入探讨，本子课题余下部分将从以下几方面展开研究。

第二章对中国财政货币政策对物价的影响进行经验分析。该章首先梳理了财政货币政策对物价影响的经典理论及其发展脉络，随后从三方面探究了政策对物价的影响方式。一是在 SVAR 模型中使用脉冲响应和方差分解技术探讨财政和货币政策操作对物价的影响方式和程度；二是从稳定物价视角出发对结构性财政支出冲击下最优货币政策规则进行甄选；三是考虑到市场化进程可能影响货币政策的传导渠道，分析了市场化进程对财政货币政策的物价调控效果的影响。经过这三方面的研究，可以比较直观地检验财政货币政策对物价影响的非对称效应，深入探究财政货币政策之间的相互作用，并探究了市场化改革背景对财政货币政策效果的影响。

第三章对我国财政货币政策体制进行识别，即依据各类识别标准判别我国当前实行的是李嘉图制还是非李嘉图制的财政货币政策。本章首先对识别标准进行回顾，随后从政策操作视角和局部制度模拟视角出发进行实证分析，基于两种视角、遵循三项标准、构建四大实证模型，得出了一致结论：我国财政货币政策具有李嘉图制度属性。

第四章基于我国财政货币政策的李嘉图制度属性，分析了在李嘉图制度下我国财政货币政策搭配组合的问题。为稳定宏观经济，财政政策与货币政策需满足一者主动、一者被动的搭配组合，在这两种模式下物价水平的决定因素及政策操作对物价的传导途径均存在差异。本章分别从现实分析和理论分析两方面着手，探讨了财政货币政策主被动组合的选择问题。

第五章在前述分析基础上，提出了构建最优财政货币政策体制的十条建议，为构建符合我国国情、旨在维持宏观经济稳定的最优财政货币政策体制指明道路。

本书的逻辑框架如图 1-1 所示。

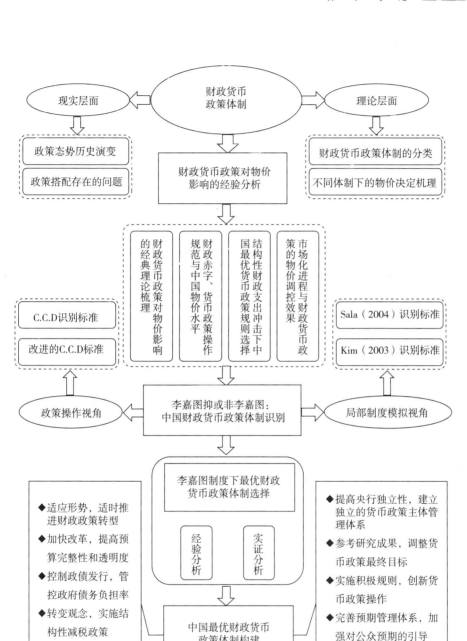

图 1-1　本书逻辑框架

中国财政货币政策对物价影响的理论探讨与实证分析

第一节　引言

对财政货币政策物价效应的研究由来已久。在识别和甄选适合我国国情的最优财政货币政策搭配体制之前，我们在本章先梳理有关财政货币政策对物价影响的经典理论，随后探讨财政货币政策对物价的影响方式与程度、财政冲击下货币规则选择及社会经济环境对政策效果的影响等问题，借此对财政货币政策对物价的影响方式有一个直观的理解。

具体而言，本章第二节将有关财政货币政策影响物价的经典理论进行了梳理。第三节在 SVAR 模型下利用脉冲响应和方差分解方法探讨了财政货币政策各自对物价影响的方式和程度，结果表明财政赤字和相机抉择型货币政策操作会推高通胀，物价波动主要来源于货币因素。第四节构建了新凯恩斯动态随机一般均衡模型，对结构性财政支出冲击下我国物价水平波动情况进行动态模拟分析，并据此甄选在维持物价稳定方面效果最优的货币政策规则。结果表明，数量型规则在面对非生产性政府支出冲击时效果更优，而价格型规则对于平抑政府生产性支出冲击效果更优。第五节探讨了以市场化程度为代表的社会经济环境对财政货币政策作用效果的影响。政策操作需要通过银行等多种传导渠道对经济体产生影响，传导不畅将降低政策的作用效果，而市场化程度可能直接关系到政策传导的效率。实证结果表明，市场化改革显著提高了政策调控效果，且其对财政政策的影响要大于其对货币政策的影响。

第二节　财政货币政策对物价影响的经典理论梳理

一、有关财政政策和货币政策配合的理论演化

在古典经济学派占主导地位时，宏观经济学还不是一个独立的学科，经济理论研究主要由微观经济学主导。他们认为市场可以立刻实现完全出清，"供给能够创造自己的需求"，无须政府干预，因此在古典经济学中财政和货币的作用是十分有限的。在财政上，现代经济学之父亚当·斯密就认为，国家的职能越小越好，政府只起到"城市警察"的作用就足够了，国家财政支出必须限制在国防、司法、公共工程建设和维护公共机关的需要上。在货币上，则提出了"货币面纱论"。这种理论认为，货币与商品的交换实质上是商品与商品的交换，货币本身没有价值，它只不过是一种便利交换的手段，对储蓄、投资和经济增长等实际经济活动不发生任何实质性的影响，货币就像罩在实物经济上的一层面纱。当人们看不透这层面纱，认为货币本身也有价值时，就会产生货币幻觉。货币只是随着实物经济的变化而变化，本身不是经济变化的动力。

20 世纪 30 年代资本主义世界经济大危机后，出现了"凯恩斯革命"，形成了凯恩斯经济学，也开辟了现代宏观经济学，财政和货币政策及其协调配合也开始逐步登上历史舞台（崔建军，2008）。凯恩斯个人重视财政政策，认为财政政策作用高于货币政策。凯恩斯曾指出："就我自己而言，我现在有些怀疑，仅仅由货币政策操纵利率到底有多大成就。国家可以向远处看，从社会福利着眼，计算资本边际效率，故我希望国家多负起直接投资之责。"凯恩斯主义者汉森也

有过"货币武器确实可以有效地用来制止经济扩张""20 世纪 30 年代的经济萧条所提供的充分证据表明，恢复经济增长仅仅靠廉价的货币扩张是不充分的"经典论述。但是后来凯恩斯主义者越来越重视货币政策的作用。萨缪尔森在其名著《经济学》一书中引用维尔·罗杰斯的话"自从开天辟地以来，曾经有三件伟大的发明：火、轮子以及中央银行"，并认为"经济科学已经知道如何使用货币和财政政策来使衰退不致滚雪球式的变成一次持续而长期的不景气"。萨缪尔森和诺德豪斯在编著的《经济学》教科书中也谈到"凯恩斯革命早期，一些宏观经济学家对于货币政策的有效性充满疑虑，正如他们对新发现的财政政策充满信心一样。但是最近 20 年来，联邦储备体系发挥了更加积极的作用，并显示出自己有能力减缓或加速经济发展"。托宾则认为"现在几乎没有一个人，当然也没有一个新经济学的实践者或支持者会认为货币无关紧要，货币政策与名义国民生产总值无关""标准的凯恩斯学说，即我前面所说的新古典综合学派，至少从 1950 年以来，也就是说远在货币主义兴起之前，便认为货币是具有重要作用的。至少从 1951 年签订了财政部—联邦储备系统协议以来，政府就已根据这种看法制定政策了"。

第二次世界大战后，美英等发达资本主义国家，长期推行凯恩斯主义扩大有效需求的管理政策，虽然在刺激生产发展、延缓经济危机等方面起了一定作用，但同时却引起了持续的通货膨胀，特别是在 1973—1974 年在所有发达资本主义国家出现的高物价与高失业并存的"滞胀"现象，凯恩斯主义理论无法对此作出解释，更难提出相应对策。于是货币学派出现并流行起来，其创始人为美国芝加哥大学教授弗里德曼。布伦纳于 1968 年使用"货币主义"一词来表达这一流派的基本特点，此后被广泛沿用于西方经济学文献之中。货币主义观点主要有两条：一是货币最重要；二是反对政府干预。弗里德曼认为货币政策的作用有三个方面："货币政策能够防止货币本身成为经济波动的一个主要根源""货币政策能发挥的第二个作用，是为经济运行提供一个稳定的环境""货币政策有助于抵消经济体系中来自其他方面的主要波动"。

在 20 世纪 70 年代，还兴起了另外一个学派——理性预期学派，其代表人物是芝加哥大学的卢卡斯。理性预期学派认为，政府行为是可以预测的，例如所有公布的货币、财政相关数据及价格指数，都可以作为人们对政府行为进行预测的依据。即使政府的某些货币和财政活动现在是不可预测的，但并非以后永远不可预测。而且，政府的货币活动和财政活动的系统部分，又是为人们所熟知的，各个时期反复重复的，因而人们会形成对政府行为的主观预期。如是，人们便将以自己的特殊行为来抵消政府的影响，从而导致政策作用被严重削弱。虽然政府政策有时会"出奇制胜"，即在人们对政府的政策还没有作出正确的、理性的预期的时候，它们可以收到一定的效果。但当人们对政府的政策逐渐熟悉之后，能够对政府行为较为准确地作出预期，政府政策便将逐渐失效了。因此该学派的核心主张是政策无效论，不仅认为财政政策无效，也认为货币政策无效；货币政策不仅长期无效，短期也无效。卢卡斯就曾指出"当扩张性货币政策反复推行时，它不再能实现自己的目标。推动力消失了，对生产没有刺激作用，期望生产能扩大，但结果却是通货膨胀，而不是别的"。

20 世纪 80 年代，为了应对货币主义和理性预期学派的挑战，新凯恩斯主义经济学应运而生。新凯恩斯学派认为，由于价格和工资的黏性，经济在遭受到总需求冲击之后，从一个非充分就业的均衡回复到充分就业均衡状态是一个缓慢的过程，因而刺激总需求是必要的。所以，为了避免较长时期的非充分就业持续出现，凯恩斯主义的需求政策仍然是有效力的。如新凯恩斯学派认为，当工资具有黏性时，货币是非中性的。中央银行增加货币供应量使物价总水平上升时，由于工资具有黏性，可以相对降低工人的实际工资。当工人实际工资降低时，降低了产品成本中的工资成本，单位工资的产出就会增加，企业利润也相应增加。企业利润增加后，就会扩大产量以谋取更大的利润，这就会雇用更多的工人，促使就业率上升。不过在政策调整上，新凯恩斯主义强调适度和原则性。

20 世纪 90 年代后期，宏观经济学出现了一个融合新古典主义和新凯恩斯主义优点，并受到学术界普遍认同的集大成者——新兴的新古典综合学派（New Neoclassical Synthesis），其借助于动态随机一般均衡方法（Dynamic Stochastic General Equilibrium，DSGE）这一方法，成功搭建了一个微观经济学和宏观经济学沟通的桥梁：引入新古典主义的理性预期思想和各种模型化工具，以理解家庭和企业如何在动态的时间过程中进行优化决策；吸收新凯恩斯主义的价格和工资黏性理论，用于解释货币政策为什么会在短期中影响就业和产量。这种新综合的核心观点是：市场经济是一种动态的一般均衡体系，在短期中，由于存在价格和工资的黏性和其他各种市场的不完全性，它会偏离有效的资源配置，但在长期中，"无形之手"仍是调节经济结构和促进经济增长的最优机制。其蕴含深意的中性货币政策主张可以消除通货膨胀而提高交易效率和降低相对价格扭曲。

二、财政政策和货币政策效应：IS – LM 模型分析

IS – LM 模型来源于英国经济学家希克斯发表于 1937 年的文章，一经提出就迅速成为西方经济学家对凯恩斯经济理论整个体系所作的标准阐释。作为一种有用的分析工具，IS – LM 模型经常被用来分析财政政策和货币政策的作用效果与配合（毛泽盛和卞志村，2009）。

（一）货币政策的影响

如图 2 – 1（左）所示，假设 IS 与 LM_1 相交于初始点 E_1，此时的经济活动处于均衡状态，即商品市场和货币市场同时达到了均衡，均衡的总产出水平为 Y_1，均衡的市场利率水平为 i_1。但如果此时经济中存在着失业现象，也就是说 Y_1 并没有达到潜在产出水平，于是货币当局决定通过增加货币供应量来增加产出，以减少失业。

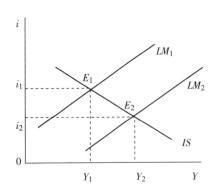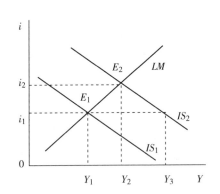

图 2 – 1 扩张性货币政策和财政政策的影响

增加货币供应量的扩张性货币政策实施后，LM 曲线将从原来的 LM_1 右移至新位置 LM_2，商品市场与货币市场的同时均衡点从原位置 E_1 移至新的均衡点

E_2，结果利率就从 i_1 下降至 i_2，总产出则从 Y_1 增加到 Y_2。这样，货币当局通过运用货币政策就达到了增加就业和促进经济增长的预期效果。这一效果是如何实现的呢？在经济的初始均衡点 E_1 处，货币当局向经济中注入了新的货币，从而打破了 E_1 的均衡，导致货币市场上有了超额货币供给，利率水平开始下降。而利率下降导致消费支出、投资支出和净出口都得到增加，故总产出增加。只要货币市场上的超额货币供给不消失，利率就会继续下降，总产出就会继续增加。当经济到达 E_2 点时，货币的超额供给消失，也不存在货币的超额需求，消费支出、投资支出和净出口的变化都停止了，因而总产出的增加也得以停止。紧缩性货币政策的作用机理正好相反，这里不再赘述。总之，总产量与货币供应量正相关，市场利率与货币供应量负相关。

（二）财政政策的影响

现在我们分析财政政策的作用。假设经济处于均衡状态 E_1 时未实现充分就业，而货币当局又不愿增加货币供应量，政府能否通过调整政府支出和税收来实现增加总产出和减少失业的目标呢？

图 2-1（右）描绘了总产出和利率对扩张性财政政策的反应情况。政府增加政府支出或减少税收都将使 IS 曲线从 IS_1 右移至 IS_2，于是总产出增加，失业减少，商品市场和货币市场的均衡点也从 E_1 移至 E_2 点，总产出从 Y_1 增加到 Y_2，但利率却从 i_1 上升到 i_2。这一过程是如何实现的？我们知道，政府支出增加，将直接增加总需求；税收减少则增加了公众的可支配收入，使消费支出增加，从而也将增加总需求。由此形成的总需求的增加使得总需求曲线右移，在总供给曲线不变的条件下，总产出增加，价格水平上涨。而较高的总产出水平又导致了实际货币需求的增加，价格水平上涨使得实际货币供应减少，结果利率水平必然上升。这一调整过程只有当经济达到新的均衡状态 E_2 时才会结束。

我们看到，在促进经济增长（提高总产出水平）方面，扩张性财政政策和扩张性货币政策的效果是一样的。但是，这两种政策对市场利率的影响却是不同的，即扩张性货币政策使利率水平下降，而扩张性财政政策却使利率水平上升。如果利率水平维持在 i_1 不变，总产出水平应该增加到 Y_3，但由于利率上升到 i_2，会引起一部分投资减少，总产出水平只能增加到 Y_2，少增加的 $Y_3 - Y_2$ 部分通常称为挤出效应。

紧缩性财政政策（减少政府支出或增加税收）的作用过程与上面的描述恰好相反。减少政府支出或增加税收都会使 IS 曲线左移，从而使总产出减少，利率降低。总之，总产出和利率都与财政政策正相关。

（三）几种极端情况下的货币政策和财政政策效果

1. LM 曲线斜率对财政政策效果的影响——两种极端情况。如图 2 - 2 所示，当 LM 曲线的斜率无穷大（LM_2）时，财政政策的运用只能引起利率变动，不能引起产出变动。例如，当 IS 曲线从 IS_1 右移至 IS_2，即实施扩张性财政政策时，产出水平维持在 Y_1 不变，利率水平从 i_1 上升至 i_2。而当 LM 曲线的斜率等于零（LM_1）时，扩张性财政政策却能极大地促进产出水平的提高（从 Y_1 增加到 Y_2），这是由于未发生挤出效应。

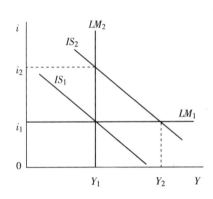

图 2 - 2　LM 曲线斜率对财政政策效果的影响

2. IS 曲线斜率对货币政策效果的影响——两种极端情况。如图 2 - 3 所示，当 IS 曲线的斜率无穷大（IS_2）时，货币政策的运用也只能引起利率变动，不能引起产出变动。例如，当 LM 曲线从 LM_1 右移至 LM_2，即实施扩张性货币政策时，产出水平维持在 Y_1 不变，利率水平则从 i_1 下降至 i_2。而当 IS 曲线的斜率等于零（IS_1）时，扩张性货币政策却能极大地促进产出水平的提高（从 Y_1 增加到 Y_2），这时的货币政策非常有效。

（四）货币政策与财政政策的配合

前文对货币政策和财政政策作用的分析表明，通过实施某一种货币政策或财政政策，可以调整总产出和利率水平，从而实现经济增长的目标。但是，假

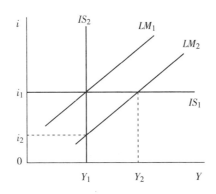

图 2 - 3　IS 曲线斜率对货币政策效果的影响

如在某一时期的失业率非常高，政策制定者该如何决策呢？是选择提高货币供应量，还是选择增加政府支出或减税？或者是既提高货币供应量又增加政府支出和减税呢？在现实的政策实践中，宏观调控部门很少单独实施货币政策或财政政策，而大多是综合运用两者以实现协调互补。

1. 双松政策的效果。当同时实行扩张性货币政策和扩张性财政政策时，总产出 Y 的增加幅度相当大。但是，在扩张性财政政策导致利率上升的同时，扩张性货币政策又具有把利率水平拉低的效应，因此利率上升的幅度不会很大。

双松政策方式主要适用于社会总需求严重不足，经济转入严重萧条的状况。这种政策配合方式可以通过扩大有效的需求以促进经济的增长，这常常是在经济大危机和大萧条之后采取的配合方式。但是，这种措施虽然有利于刺激社会总需求及总供给的增长，但不可避免地会引发通货膨胀，从而影响到社会的稳定，第二次世界大战以来的西方国家经济实践就是有力证明。

2. 一松一紧政策的效果。当实行扩张性财政政策和紧缩性货币政策时，在 IS 曲线右移的同时 LM 曲线左移，这样总产出 Y 的增加幅度就不会很大，从而可以保持总产出的稳定。但就利率水平而言，由于两种政策都会导致利率水平的上升，故利率的上升幅度就会很大，往往会造成金融市场的不稳定。相反，若实行紧缩性的财政政策和扩张性的货币政策，则 IS 曲线左移的同时 LM 曲线右移，同样总产出水平可以保持稳定，但利率水平将会大幅度下降。

扩张性财政政策和紧缩性货币政策的配合模式一般在总体需求大体相适应，

为解决投资过旺、消费不足时才采用，是许多国家在调整经济结构时普遍采用的一种模式。紧缩性货币政策有利于严格控制货币供给，可以抑制通货膨胀，为经济的正常发展创造一个良好的货币金融环境。在货币政策偏紧的同时，实行扩张性财政政策，有利于调整产业结构、优化产业结构，提高经济增长的质量。

紧缩性财政政策和扩张性货币政策是在总需求与总供给大体平衡，但消费偏旺而投资不足时的一种配合模式。这种配合模式也是一些国家为更多地积聚资金，优化资源配置，促进经济增长而采取的一种配合模式，它有利于促进经济的增长，提高资金的使用效率。

3. 双紧政策的效果。当实行紧缩性财政政策和紧缩性货币政策时，IS 曲线和 LM 曲线同时左移，总产出水平 Y 将急剧下降，而利率却因为两种政策对利率的作用相反而变化不大。双紧政策对付恶性通货膨胀有"立竿见影"之效，但经济萎缩的代价往往也是很大的。

双紧政策搭配方式一般适用于社会总需求大于总供给，出现了严重的通货膨胀和经济过热，以致影响到经济稳定正常运转的时期。这种政策搭配方式可以有力抑制社会总需求的过度增长，从而缓解通货膨胀，保持经济的稳定。这种措施虽然有利于经济的稳定和对付通货膨胀，但是也会抑制社会供给，影响社会生产，一旦把握不当可能导致经济陷入萧条。

第三节 财政赤字、货币政策操作规范与中国物价水平

一、引言

改革开放以来，中国经济起伏跌宕，先后多次出现过通货膨胀。如图 2-4 所示，20 世纪 90 年代初期，由于财政收入大幅降低，国债规模较小使大量赤字不得不依靠发行货币融资，货币过量发行与央行对物价调控能力的降低，通胀不断攀升，至 1994 年第四季度，通胀已高达 27.7%。进入新时期，2008 年，受国际金融危机的影响，价格水平陡然下降。而积极财政政策与适度宽松的货币政策的推出，使 2008 年第四季度特别是 2009 年第一季度以后，物价开始了新一

轮的上升。2011 年以来，由于欧债危机尚未解除，国际形势依旧动荡，国内经济"新常态"特征渐显等因素，我国实际通胀呈下降趋势。

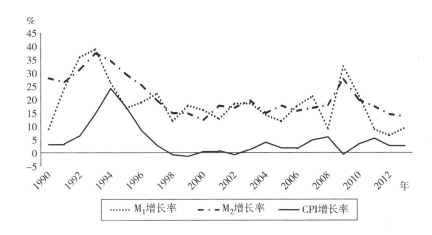

图 2 – 4 M₁、M₂ 与 CPI 同比增长率关系

对于价格水平调控而言，货币政策工具的重要性毋庸置疑。目前，我国货币政策操作以数量调控为主。从我国货币政策实践来看，法定存款准备金调节常被使用。央行审时度势对法定存款准备金率进行调整，通过控制货币数量增长速度进而合理调控物价。自 2007 年以来，我国共计进行 35 次调整，其中上调 28 次，下调 7 次（截至 2014 年 12 月 20 日）。在通货膨胀严重时，央行多次上调准备金率，防范经济过热。不能忽视的是，大型机构存款准备金率经过多次调整一度高达 20%，上升操作空间已然不多，传统货币政策工具也逐渐出现疲态。近年来，央行对货币政策操作工具进行了新的升级或者补充。在通胀较低的情况下，2013 年初至 2014 年 10 月，央行先后推出短期流动性调节工具（SLO）、常备借贷便利（SLF）、抵押补充贷款（PSL）和中期借贷便利（MLF），以此释放流动性，防止经济下行导致经济衰退。同时与全面降准不同，2014 年 6 月 16 日，中国人民银行对符合条件的商业定向降准 0.5 个百分点。然而，仅仅使用货币政策工具是不够的，图 2 – 4 显示我国价格增长水平和货币供给增长水平之间并不存在显著相关关系：在 1997 年到 2002 年间，CPI 增长率维持在 0 左右，但 M₁、M₂ 的同比增长率都超过了两位数；在 2008 年到 2011 年间，M₁、M₂ 的增长率呈现倒"V"形波动的同时，CPI 却保持"V"形波动。

即使物价水平决定的货币论的支持者也不难发现货币政策操作工具在一定程度上出现"失灵"。

物价水平的调控，财政政策的重要性也不能忽视。近年来，各国政府普遍认识到单纯依靠一种政策显然无法很好进行宏观调控。财政政策作为一国宏观经济最主要的调控手段，在促进经济发展、保持物价稳定方面发挥着日益重要的效果（周波，2012）。通货膨胀在中国不仅仅是一个货币现象，也是一个财政现象。可以通过财政政策工具影响未来通胀水平（许雄奇和张宗益，2004）。1998 年亚洲金融危机，我国消费需求增长趋缓，物价持续走低，政府着力扩大居民消费需求，我国实施了第一轮积极的财政扩张。2004 年，经济运行明显从相对低迷阶段走向繁荣高涨阶段，政策转向中性稳健。2008 年，突发的国际金融危机给中国进出口贸易带来重创，经济增长放缓、物价波动加剧，政府适时放弃防物价上涨过快的紧缩政策，在第四季度采取更加积极的财政政策。至2010 年，新一轮积极财政对经济衰退起到了很好的抑制作用，然而刺激计划在产品供给过剩情况下也导致了物价的上涨。在 1991—2013 年，伴随着财政政策实施，财政赤字大幅度增加，从 237 亿元增长到 10 601 亿元，扩张高达44 倍。

纵观我国财政货币政策实践，财政货币政策工具在平抑物价方面均发挥了重要作用。与此同时物价水平决定问题在理论界也备受瞩目，诸多学者针对这一问题进行了深入研究。货币论的支持者认为：通货膨胀是一种货币现象，价格取决于产出增长率与货币增长率之差。货币政策可以自由地确定名义货币存量或名义利率，财政政策的调整仅仅是为了确保政府跨期预算处于平衡状态（Sargent，1982）。然而，随着经济的发展，价格水平仅仅由货币政策决定的观点受到了挑战。20 世纪 90 年代兴起的价格水平决定的财政论（FTPL）强调：价格水平决定过程中，财政政策是影响价格水平的重要因素。该理论从新的视角寻求解释通货膨胀的成因并对货币论提出了质疑，强调财政因素而非货币因素起着举足轻重的作用，仅仅依靠货币政策很难治理通货膨胀。

本节综合物价水平决定的货币论与财政论，认为在财政货币政策相互影响，相互制约情况下，考虑到纷繁复杂的政策取舍和利害关系，面对物价水平的波动，两种政策只有灵活地协调配合，才能顺利实施并取得良好效果。通货膨胀不仅是一种货币现象，也是一种财政现象的观点越来越受到经济学界的关注。本节将考察财政政策以及货币政策对通货膨胀的影响。以下部分的结构安排是：第二部分是相关文献回顾；第三部分是基本的研究原理与方法；第四部分是采用 SVAR 模型检验物价水平决定的影响因素；最后是本节的主要结论。

二、相关文献综述

货币数量论支持者的一个基本信念是：货币增长率的变化会引致"价格水平同比例的变动"（Lucas，1980）。随后因"理性预期"概念的引入，经济学家发现物价水平不仅由当期货币供给决定，也取决于对未来货币供给的预期。同时理性预期学派认为应当约束财政与货币当局权限，注重政策长期中的稳定性和规则性。例如公开明确地规定一种固定的货币供应量的年增长率，并实现财政预算平衡，以此保证经济长期协调稳定发展。

然而不能忽视的是与固定规则截然不同的观点：相机抉择的货币政策。凯恩斯学派认为，当经济出现超出预期的经济扰动，固守规则并非明智之举；其主张由政府根据经济的不稳定性和复杂性相机行事，在经济存在扰动时微调增进社会福利。Kydland 和 Presott（1977）提出"动态非一致性"概念，即根据第 T 期的情况按照最优化原则计划一项在第 $T+N$ 期（$N \geqslant 1$）执行的政策，可能到第 $T+N$ 期时，由于假设条件的改变，该项政策已经非最优政策。Barro 和 Gordon（1983）最早将该概念引入货币政策的研究，认为动态不一致性导致央行面临"欺骗的诱惑"（Temptation），更可能出现短视行为，初始的政策承诺是不可信的。本节立足我国宏观经济运行和货币政策实践的实际情况，发现我国货币政策操作既有相机抉择成分来体现央行短期相机行事的工程智慧，又有一些固定成分表明长期的规则性的价值追求，两种成分相互配合，进而保证货币政策调控效果。

不过，随着经济的发展，通货膨胀的货币决定论不断遇到挑战，萨格勒和杜尔奈克（2009）指出，财政支出不仅影响经济增长，也可能导致通货膨胀。作为当今各国政府干预宏观经济最重要的操作工具，财政政策同货币政策在促进经济增长、维持物价稳定的宏观经济调控中发挥着日益显著的作用。该理论的思想最早来源于 Sargent 和 Wallace（1981），他们在一个满足货币主义假设的简单经济中将长期被忽略的政府预算约束引入模型，证明财政政策可以通过政府预算约束对价格决定产生影响，但政府赤字对价格水平的决定作用仍然是通过货币创造所导致的基础货币量的增加而产生的。在彻底摆脱货币数量论的特征之后，FTPL 理论的支持者从政策搭配和预算方程两个角度详述了财政政策如何影响价格水平。Leeper（1991）从财政政策和货币政策相互搭配的视角出发，认为在积极型货币政策与被动型财政政策组合下财政政策的调整是为了预算平衡，此时通货膨胀是一种货币现象。在被动型货币政策与积极型财政政策组合下，财政政策在价格水平决定中起着重要作用。Creel 等（1996）认为在积极型货币政策情况下，积极型财政政策依然能以爆炸性方式影响价格水平。Woodford（1995）和 Canzoneri 等（2001）从政府预算约束方程（PVBC）出发，若 PVBC 是约束条件，此时价格水平由货币政策决定，属于李嘉图制度；若 PVBC 是平衡条件，此时价格水平由财政政策决定，属于非李嘉图制度。

相对于国外研究 FTPL 理论的大量文献，国内相关研究起步较晚，研究也较晚。首先，是财政政策工具能否作用于物价的研究，大多数文献支持这一理论。龚六堂和邹恒甫（2002）通过建立代表性消费者和政府的跨时宏观模型发现价格是由政府债券的实际值与政府财政剩余相等这一条件确定的。董秀良和帅雯君（2013）发现近些年 FTPL 理论在通货膨胀成因的解释和通货膨胀的治理方面更有优势。储德银和刘宏志（2013）证实 FTPL 理论在 1994—2010 年间对于解释中国价格水平的变动更加具有合意性，财政政策对价格水平起到一定的相对有限的决定作用。其次，部分学者对财政政策影响物价水平的作用机制和传导渠道进行了分析。赵文哲和周业安（2009）从政府间财政支出竞争的视角深入分析了财政支出对价格水平影响的"财富效应""铸币税效应""生产效应"和"内部需求效应"。张志栋和靳玉英（2011）从财政货币政策相互作用的角度，通过构造政府预算约束现值，从财政货币当局的非合作博弈模型探讨互补宏观经济政策对物价的作用原理。当然，也有一些学者认为目前 FTPL 理论在我国并不适用，毛泽盛等（2014）认为 FTPL 在中国并不适用，货币政策的科学运用才能更好实现稳定物价的宏观目标。从现有文献看，大部分学者仅仅研究货币政策对物价的作用，存在不尽合理之处。本节将综合考虑价格水平决定的财政货币因素，以期为宏观调控提供新的证据。

三、财政政策与物价波动的机理分析

首先，本节假定经济体中存在三个部门：厂商、家庭和政府。其次我们忽略不确定性和劳动与闲暇之间的选择，从而集中讨论财政政策和货币政策对物价水平的影响。

考虑家庭部门的预算约束为

$$Y_t + (1 - \delta)K_{t-1} + \frac{(1 + i_{t-1})B_{t-1}}{P_t} + \frac{M_{t-1}}{P_t} = C_t + K_t + \frac{M_t}{P_t} + \frac{B_t}{P_t} \qquad (2.1)$$

其中，Y_t 为总产出，K_{t-1} 为期初资本存量，δ 为物资资本的折旧率。

总量生产函数将产出 Y_t 与可用资本存量 K_{t-1} 和就业 N_t 联系起来：$F(K_{t-1}, N_t)$。由于忽略了劳动与闲暇的选择，N_t 既表示总人口，又表示就业量。假定生产函数线性齐次，且规模报酬不变，则人均产出 y_t 和人均资本 k_{t-1} 的关系满足：

$$y_t = f\left(\frac{k_{t-1}}{1 + n}\right) \qquad (2.2)$$

假定该人均生产函数连续可微，满足稻田条件。

将预算约束式（2.1）两边同时除以人口 N_{t-1}，人均预算约束为

$$\omega_t = f\left(\frac{k_{t-1}}{1 + n}\right) + \left(\frac{1 - \delta}{1 + n}\right)k_{t-1} + \frac{(1 + i_{t-1})b_{t-1} + m_{t-1}}{(1 + \pi_t)(1 + n)} = c_t + k_t + m_t + b_t$$

$$(2.3)$$

由于代表性家庭在该预算下选择消费与实际货币余额的时间路径，故假设代表性家庭的总效应函数形式为

$$W = \sum_{t=0}^{\infty} \beta^t u_t(c_t, m_t) \qquad (2.4)$$

其中，β 为主观贴现率，c_t 是 t 时刻人均消费。

我们在式（2.3）约束下，选择 c_t、k_t、m_t 和 b_t，以使式（2.4）最大化。为此我们定义价值函数：

$$V(\omega_t) = \max_{c_t, k_t, b_t, m_t} \{u(c_t, m_t) + \beta V(\omega_{t+1})\} \qquad (2.5)$$

求解该价值函数在约束条件式（2.3）下的最优化问题，可得

$$\frac{u_m(c_t, m_t)}{u_c(c_t, m_t)} = \frac{i_t}{1 + i_t} \tag{2.6}$$

该式表明货币与消费之间的边际替代率等于持有货币的边际成本，而持有货币的成本取决于名义利率。若居民效用遵循指数形式：

$$u(c_t, m_t) = \frac{\left[a c_t^{1-b} + (1-a) m_t^{1-b} \right]^{(1-\Phi)/(1-b)}}{1 - \Phi} \tag{2.7}$$

我们可以得到货币需求方程：

$$m_t = \frac{M_t}{P_t} = \left[\left(\frac{i_t}{1 + i_t} \right) \left(\frac{a}{1-a} \right) \right]^{-1/b} c_t \tag{2.8}$$

又因为：

$$g(R_m) = \left[\left(\frac{R_m - 1}{R_m} \right) \left(\frac{a}{1-a} \right) \right]^{-1/b} c_t \tag{2.9}$$

其中，R_m 是毛名义利率。则当经济处于稳态时，式（2.8）可写成：

$$m_t = \frac{M_t}{P_t} = g(R_{m,t}) \tag{2.10}$$

传统的货币数量论强调名义货币存量在决定均衡价格水平方面的作用。由式（2.10）可知名义货币供应量与均衡价格水平之间的正比关系取决于名义利率。但是名义利率也是内生变量，因此，式（2.10）还不足以决定均衡价格。为此，我们引入政府部门预算约束恒等式：

$$G_t + i_{t-1} B_{t-1} = T_t + (B_t - B_{t-1}) + (M_t - M_{t-1}) \tag{2.11}$$

其中，等式左侧包括政府在商品、劳务及转移支付上的支出 G_t，加上对未偿清债务的利息支出 $i_{t-1} B_{t-1}$。支出必须通过税收、债券和铸币税三种渠道来融资。

将式（2.11）两边同时除以 P 可得

$$g_t + r_{t-1} b_{t-1} = t_t + (b_t - b_{t-1}) + m_t - \left(\frac{1}{1 + \pi_t} \right) m_{t-1} \tag{2.12}$$

其中，$r_{t-1} = \left[(1 + i_{t-1})/(1 + \pi_t) \right] - 1$。在稳定均衡下，政府开支和税收固定不变，政府生息债务和货币的实际价值也保持不变。由于 $R_m = (1 + \pi_t)/\beta$，且货币余额必须与式（2.10）一致。故预算约束在稳定均衡状态下变为

$$g + \left(\frac{1}{\beta} - 1 \right) b = t + \left(\frac{\pi_t}{1 + \pi_t} \right) m = t + \left(\frac{\beta R_m - 1}{\beta R_m} \right) g(R_m) \tag{2.13}$$

假设财政当局确定了 G、T 和 B 后，则由式（2.13）可以决定名义利率 R_m。政府需要筹集 $g + (1/\beta)b - t$ 的铸币税，此时铸币税额决定名义利率。又由于名义利率等于 $\dfrac{1 + \pi}{\beta}$，故而财政政策决定了通货膨胀率。结合赤字 $\mathrm{def} = g - t$，说明赤字对通胀有决定作用。

根据上述理论分析，我们构建包含通胀自身滞后项、结构性赤字、周期性赤字、规则性货币操作和相机抉择性货币操作等因素的函数，并依现实经济运行数据进行回归分析。最终模型的表达式如式（2.14）所示。

$$\pi_t = f\big[A(l)\pi, B(l)fit, C(l)unfit, D(l)defz, E(l)defa\big] \qquad (2.14)$$

其中，(l) 为滞后算子，A、B、C、D 和 E 表示待估系数向量。

四、实证分析

（一）货币政策状态方程的选取

本节分别用狭义货币 M_1 和广义货币 M_2 的同比增长率 gM_1 和 gM_2 作为货币政策的状态指标。选取的规则性货币政策的解释变量有：表示货币的交易媒介需求的社会消费品零售额增长率 gSC；表示货币持有机会成本的名义一年期储蓄存款利率 Rt；表示货币的赤字融资需求的中央银行对政府债权增长率 gG。模型中还引入货币供应量作为滞后一阶自回归成分，以形成变量之间的动态影响。样本范围为 1997 年第一季度至 2014 年第二季度。本节数据来源于中经网、国家统计局和《中国人民银行统计季报》。

用 gM_1 作为货币政策状态指标估计出的货币政策状态模型为（括号中数字为标准差）

$$gM_1 = \underset{(0.0177)}{0.0405} + \underset{(0.0649)}{0.8855}gM_1(-1) - \underset{(0.0774)}{0.0762}gSC - \underset{(0.0040)}{0.0027}gG - \underset{(0.0034)}{0.0043}R$$

$$(2.15)$$

$R^2 = 0.7468$，调整后 $R^2 = 0.7310$，$D.W. = 1.4629$，F 值 $= 47.2028$。

用 gM_2 作为货币政策状态指标估计出的货币政策状态模型为

$$gM_2 = \underset{(0.0175)}{0.0512} + \underset{(0.0898)}{0.7120}gM_2(-1) + \underset{(0.06696)}{0.0091}gSC + \underset{(0.0034)}{0.0003}gG - \underset{(0.0029)}{0.0013}R$$

$$(2.16)$$

$R^2 = 0.5249$，调整后 $R^2 = 0.4952$，D. W. $= 1.9158$，F 值 $= 17.6769$。

通过比较方程（2.15）和方程（2.16）的可决系数和 F 值，可以看出方程（2.15）的拟合效果明显优于方程（2.16），故本节选用方程（2.15）作为本节分析货币政策的状态方程。根据方程（2.15）表示的货币政策状态模型，我们可以得到货币政策的冲击成分：GM1FIT（可预期的规则性成分）和 GM1UNFIT（不可预期的相机抉择成分）。

（二）财政赤字的分解

结构性赤字和周期性赤字的数据无法直接获取，目前主流的估算方法主要有两种：消除趋势法和潜在产出法。考虑到消除趋势法中的 HP 滤波法可对宏观经济变量进行有效划分且简便易用，本节分析采用这一方法对财政赤字占 GDP 的比重进行数据处理，赤字的结构性成分和周期性成分分别表示为 Defz 和 Defa。所得结果如图 2 – 5 所示。

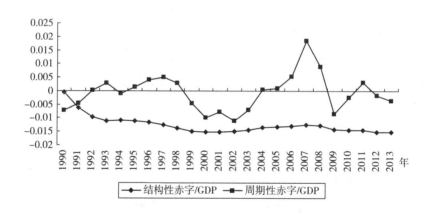

图 2 – 5　结构性赤字与周期性赤字变动趋势图

回顾经济运行的历史状况，20 世纪 90 年代初，由于财政收入占 GDP 比重迅速下降、分税制改革尚未起步，赤字逐步增加。伴随着 1997 年和 2008 年两轮积极财政政策的推行，我国结构性赤字出现了大幅度的增加，扩张力度加强。可见，我国宏观经济走势情况、财政政策实践与图 2 – 5 所示的结构性赤字的变化高度吻合。

（三）SVAR 模型的构建

1. 序列平稳性检验。检验结果如表 2 - 1 所示，除了 CPI 同比增长率是一阶单整序列外，其他变量都是平稳序列。

表 2 - 1　　　　　　　　　　　平稳性检验结果

变量	检验类型	ADF 值	P 值	结论
cpi	(c, 0, 8)	- 1.401	0.576	非平稳
	(c, t, 5)	- 3.647	0.104	
	(0, 0, 8)	- 0.561	0.470	
Δ (cpi)	(c, 0, 7)	- 5.423	0.000	平稳
defz	(c, 0, 8)	- 3.598	0.009	平稳
defa	(c, 0, 4)	- 4.555	0.000	平稳
fit	(c, 0, 1)	- 2.721	0.076	平稳
nufit	(c, 0, 0)	- 6.497	0.000	平稳

2. SVAR 模型的识别。首先建立 VAR 模型，滞后阶检验表明最优滞后阶为 5，故而建立 SVAR（5）模型，变量和系数矩阵分别为

$$Y_t = \begin{bmatrix} cpi \\ defz \\ defa \\ gm1fit \\ gm1unfit \end{bmatrix}, C = \begin{bmatrix} 1 & c_{12} & c_{13} & c_{14} & c_{15} \\ c_{21} & 1 & c_{23} & c_{24} & c_{25} \\ c_{31} & c_{32} & 1 & c_{34} & c_{35} \\ c_{41} & c_{42} & c_{43} & 1 & c_{45} \\ c_{51} & c_{52} & c_{53} & c_{54} & 1 \end{bmatrix} \tag{2.17}$$

为对同期关系进行识别，需要添加 10 个约束条件。本节依据经济学理论和有关学者对我国经济调控措施滞后性的研究做如下假设：

（1）价格水平具有刚性，即周期和货币财政赤字、相机抉择和规则性货币成分冲击不会影响当期物价（$c_{12} = c_{13} = c_{14} = c_{15} = 0$）。

（2）当期相机抉择和规则性货币成分均不受周期和结构性赤字变动冲击的影响，这要求 $c_{42} = c_{43} = c_{52} = c_{53} = 0$。

（3）周期和结构性赤字变动冲击受到规则性货币成分的当期影响较小，即 $c_{24} = c_{34} = 0$。

在上述约束下，我们得出通货膨胀对各内生变量的脉冲响应图。

图2-6描述的是一个单位标准差的通胀自身冲击、结构性赤字成分冲击、周期性赤字成分冲击、规则性货币成分冲击、相机抉择货币成分冲击对通胀变量的影响。由图2-6,我们得出以下结论。

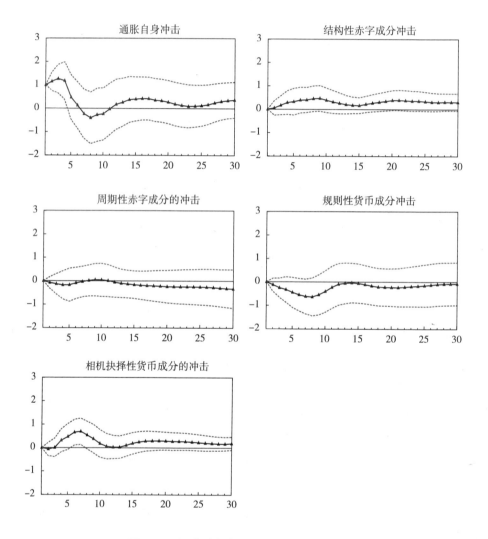

图2-6 通胀对各变量冲击的累计脉冲响应

通货膨胀对于其自身的冲击反应最为迅速,程度也最为激烈。自身1个单位正向标准差的新息响应在初始的第二期即达到最大,随后逐渐衰减至第6个季度效应开始转为负值，大约经历5个季度后，效应再次转为正值。

来自赤字结构性成分的一个正的标准差冲击会从第一期开始对通胀产生正向影响，大约第9个季度达到峰值，然后正向影响呈减弱并稳定在较低水平。

来自赤字周期性成分的一个正的标准差冲击对于通胀的冲击在整个滞后期效应几乎均为负值，大约第5个季度到达谷底，从长期观察看，负向影响逐渐加强并稳定在一定水平。

规则性货币成分对通胀有持久性负向影响，并在第8个季度达到最大值，然后逐渐减弱，但一直保持一定幅度的负向响应。相比较而言，其对通胀的影响程度较赤字的周期性和结构性成分波动更为剧烈，影响程度更大。

相机抉择性货币成分一个正的标准差在一个季度内不能有效地调节通胀，影响力较小，政策具有一定滞后性。其影响力从第3个季度开始上升并在第7个季度达到最大值，然后逐渐减弱，但一直保持较小幅度的正向响应。

3. 方差分解。为了进一步检验各宏观因素对物价的影响，我们在SVAR模型框架下使用方差分解方法进一步分析每一个结构冲击对内生变量变化的贡献度，比较该变量影响的相对大小。

如表2-2所示，通货膨胀率变动中大部分（78%）的变化来自自身通胀惯性，约2.8%的波动由赤字的结构性成分波动来解释，约1.4%可由赤字的周期性成分来解释，6.3%由规则性货币成分来解释，11.4%由相机抉择货币成分波动来解释。

表2-2　　　　　　　　　　　通货膨胀的方差分解

时期	S. E.	$\Delta(cpi)$	defz	defa	fit	unfit
1	1. 000	100. 000	0. 000	0. 000	0. 000	0. 000
5	1. 330	87. 417	1. 760	0. 592	2. 976	7. 254
10	1. 560	81. 441	2. 020	1. 038	4. 266	11. 235
15	1. 574	78. 916	2. 348	1. 312	5. 976	11. 448
20	1. 585	78. 222	2. 724	1. 350	6. 218	11. 486
25	1. 590	78. 203	2. 748	1. 345	6. 241	11. 463
30	1. 596	78. 160	2. 755	1. 390	6. 266	11. 429

由此可以看出，调节赤字和调节货币供应量中管理通胀效果较好的是后者，财政政策对通货膨胀的变动有一定影响，但解释力度较小，货币政策对通货膨胀的变动有较显著的影响；同时就货币成分而言，我们发现，中国通胀波动的主要原因是相机抉择货币成分，从这一角度来说，目前我国货币政策主要是通过相机抉择货币政策成分对通货膨胀产生影响的。

五、结论与政策建议

本节研究发现，财政赤字对通胀有显著的推动作用，即财政政策会影响到一般价格水平。从赤字的构成来看，结构性财政赤字对通胀影响显著，而周期性赤字影响相对微弱。

对于货币政策而言，规则性货币供给并不会推高通胀水平，而相机抉择施策可能导致通货膨胀攀升。今后我国应合理调整货币供给结构，依照货币政策规则有序供给货币，以期实现较低的通胀水平。

对比财政与货币政策对物价的作用效果可知，财政政策对通货膨胀的解释力度较小。这启示我们在运用财政政策调控经济增长时，需密切关注其对价格水平的影响，并实施相应货币政策与之协调搭配，以期实现对产出和通胀的良好管控。

第四节　结构性财政支出冲击下中国最优货币政策规则选择

上一节分析指出，中国通胀水平会受到财政政策（由赤字率测度）的影响；按规行事和相机抉择的货币供给对通胀率有不同的作用方式，按规行事的货币操作在稳定通胀方面具有比较优势。一个自然而然的问题就是，面对财政冲击，"按规行事"究竟应选择何"规"？此即最优货币政策规则的选择问题。本节中我们通过构建新凯恩斯框架下的动态随机一般均衡模型，对此问题进行探讨，并提出相应的政策建议。

一、引言

改革开放以来，渐进式的改革促成了中国经济在转型期的平稳发展，但在经济高速增长的背景下，一些体制性问题被掩盖，结构性问题长期积累。进入"新常态"以来，经济增速放缓日益显现，依靠政策手段提振经济势在必行。

从后金融危机时代的政策态势看，货币宽松边际效用递减，我国刺激政策有从货币宽松向财政宽松转向的趋势，财政支出大幅增加（见图 2-7）。

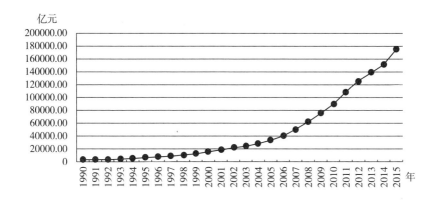

图 2-7　1990—2015 年全国公共财政支出变动趋势

2015 年全年，国家发改委批复的 11 大类重大工程包累计完成投资 5.2 万亿元，规模已超过 2009 年的"四万亿"刺激计划，占全年全国固定资产投资比重高达 9%；中央经济工作会议提出"三去一降一补"的供给侧改革意见，配套财政投入进一步加码财政宽松；2016 年政府工作报告奠定了赤字财政的主基调，提出进一步推进"营改增"，减税 5 000 亿元，拟安排财政赤字同比增加 5 600亿元，赤字率提升至 3%；地方债发行工作开始早于往年，规模预计大幅增至 5万亿元；振兴东北三年滚动实施方案 8 月底出台，首批投资达 1.6 万亿元。与此同时，从价量指标上看，货币政策立场保持了相对稳健：央行回购利率和银行间同业拆借利率均保持稳定，M_2 同比增速与去年基本持平。

在财政扩张、货币稳健的背景下，房地产价格悄然升温，猪肉价格大幅上涨，通胀压力初露端倪。从法理上看，维持价格稳定的政策目标写入了《中国人民银行法》，货币政策承担着调控物价水平的重任；从过去三十年的操作实践上来看，"控物价"的政策目标同样被指派给央行。

央行对物价水平的调控主要通过依照货币规则，进行各类政策工具操作实现。自 20 世纪 80 年代以来，央行的"工具库"日渐丰富，实现了从无到有、从有到优的跨越式发展，货币调控思路也经历了一系列的调整和转变。央行对货币政策的运用并不是机械的、固定的，而是随着社会经济的发展不断与时俱进，呈现出"三步走"的发展路径[①]。

1. 信贷控制时期。改革开放之初，央行的货币政策调控主要以信贷规模控制为主，行政干预色彩明显。彼时，一方面我国金融基础设施尚不健全，"价""量"调控的能力不足；另一方面对货币政策的研究尚浅，缺乏科学理论的指引。加之市场经济尚处萌芽，经济发展受指令性干预甚重，信贷控制在当时历史条件下具有比较优势。

这一时期，中央决策层高瞻远瞩，以过人的远见为日后货币政策转型规划了蓝图。1993 年，国务院《关于金融体制改革的决定》清晰描述了我国从信贷规模管理转向货币数量调控的顶层设计，党中央《关于建立社会主义市场经济体制改革若干问题的决议》中也提出利率市场化改革的初步构想。在金融基础设施建设上，1994 年我国首次向社会公布了 M_0、M_1 和 M_2 指标，并于 1996 年将 M_1 和 M_2 确定为货币政策中介目标。这些早期的制度建设为日后货币政策转型奠定了坚实基础。

2. 数量型调控时期。1998 年 1 月 1 日，我国正式摒弃了贷款规模控制，完成了货币政策数量型调控框架的构建。随后几年，货币政策不断相机抉择，数量型政策工具充分显示了其灵活性和有效性，为我国经济行稳致远保驾护航，在调节国民经济和物价水平中发挥了至关重要的作用。以数量型工具中最具代表性的存款准备金为例，1998 年以前，我国金融机构存款准备金率长期固定，鲜有调整；1998 年后，存准变动频率上升，尤其是在 2006 年后，央行对存准的运用愈加频繁，2006 年 7 月至 2012 年 5 月间央行动用存准工具达 38 次之多，这些政策操作在平抑国际金融危机对我国的影响中起到重要作用。2008 年创设的差别化存款准备金制度为数量型工具定向调节、精准发力提供了新的工具，而 2013 年创设的常备借贷便利（SLF）和 2014 年创设的中期借贷便利（MLF）又进一步强化了央行主动投放货币的能力。

---

① 中国货币政策的发展呈现出渐进特征，信贷控制时期、数量型调控期与价格型调控期三者相互重叠，渐进过渡，因而并没有明确的时间节点。

3. 数量型向价格型转向期。我国《金融业发展与改革"十二五"规划》提出："完善市场化的间接调控机制,逐步增强利率、汇率等价格杠杆的作用,推进货币政策从数量型调控为主向价格型调控为主转型。"与这一目标相匹配的是,我国相继完成了上海银行间同业拆借市场建设、银行存贷款基准利率浮动限制放开、国内资本市场建设、外汇经常项目放开等一系列配套工作。2007年,上海银行间同业拆借利率(Shibor)诞生,成为了我国市场利率的风向标;自2012年6月8日人民银行首次将存款利率上限调整至基准利率1.1倍开始,我国央行用三年时间逐步放开银行存款利率浮动限制,利率市场化迈出实质性一步;金融改革不断深化,国内资本市场逐步成熟,人民币国际化程度显著提高。这一系列金融基础设施与金融制度建设为货币政策从数量型转向价格型奠定了基础。

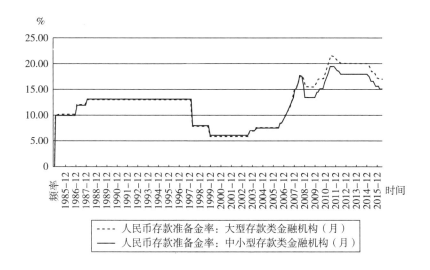

图 2-8 中国存款准备金率变动图

当前,我国货币政策正处于从数量型向价格型转型的过程当中,但学界对于"要不要转""何者最优"的问题仍存争议。Friedman(1956)、McCallum(1987)、卞志村和胡恒强(2015)等认为,数量型调控更有利于通货膨胀的稳定;而 Taylor(1993)、张岐山和张代强(2007)等则认为价格型政策在管控物价上效果更优。

表 2 - 3　　　　　　　　我国存贷款利率浮动范围历次调整

日期	政策内容
2004.10.29	存款利率不再设定下限
	贷款利率不再设定上限
	贷款利率下限为基准利率 0.9 倍
2006.08.19	商业性个人住房贷款利率下限扩大至基准利率 0.85 倍
2012.06.08	存款利率浮动区间上限调整为基准利率 1.1 倍
	贷款利率浮动区间下限调整为基准利率 0.8 倍
2012.07.06	贷款利率浮动区间下限调整为基准利率 0.7 倍
2013.07.20	全面放开金融机构贷款利率管制
2015.03.01	存款利率浮动区间上限调整为基准利率 1.3 倍
2015.05.11	存款利率浮动区间上限调整为基准利率 1.5 倍
2015.08.26	放开一年期以上定期存款利率浮动上限

不断攀升的赤字规模和屡创新高的财政支出带来了潜在的通胀压力，面对结构性财政支出冲击，数量型和价格型货币政策何者能够更为有效地应对冲击、实现稳定物价的政策目标？我国适宜采用哪一种货币政策规则？本节欲对这一问题进行研究，并尝试给出分析和政策建议。

二、文献综述

（一）关于货币政策规则的文献综述

宏观政策操作中，"相机抉择"与"按规行事"之争由来已久。Kydland 和 Prescott（1977）最先将时间不一致性理论引入宏观经济分析，认为当期的最优选择未必在未来各期中也是最优的，宏观政策"按规操作"将带来更小的社会福利损失。Barro 和 Gordon（1983）、Svensson（1997）、Woodford（1999）等人在前者基础上开展了深入研究，证实了央行相机抉择下会产生通货膨胀偏差（Inflation Bias）和稳定性偏差，这些偏差将会导致福利损失。因此，较之于相机抉择，央行参照某种既定的货币政策规则行事是更优的选择。

广义上的货币政策规则包含工具规则和目标规则两大类（Svensson，1998）。前者以麦科勒姆规则（McCallum，1987）和泰勒规则（Taylor，1993）为代表，后者的典型是通胀目标制。

麦科勒姆规则是最具代表性的数量型调控规则，它与 Friedman（1956）的 "单一货币规则"一脉相承。McCallum 认为，单一货币规则假定货币需求和货币流通速度不变，这一前提条件事实上难以满足。基于此，McCallum 对单一货币规则进行了三方面的修正：在政策工具上，以基础货币替代单一货币规则中的货币供应量；在中介指标上，纳入基础货币的流通速度；在政策最终目标上，将稳定物价修正为稳定名义收入。

学者对麦科勒姆规则的有效性进行了大量理论与实证研究。Croushore 和 Stark（1995）在凯恩斯主义模型、PSTAR + 模型和理性预期模型下的模拟分析均表明，如果货币政策按照麦科勒姆规则行事，则平均真实产出水平可以趋近潜在水平，且模拟的价格大大低于历史水平。Judd 和 Motley（1991）在凯恩斯模型、RBC 模型和 VAR 模型下对麦科勒姆规则及其扩展形式的实证得到了类似的结果，即大多情况下使用规则时通货膨胀的波动要比无规则时更小，但可能会使短期内真实 GNP 的波动增加。对于这一规则在我国的适用性，宋玉华和李泽祥（2007）研究认为，货币冲击是我国宏观经济变动的重要因素，在货币乘数日渐提高的现实情况下，M_0 对实体经济影响力增强，这为中央银行利用麦科勒姆规则调控宏观经济运行创造了条件。

泰勒规则是最具代表性的价格型货币政策规则。Taylor（1993）认为，在各种能够影响价格水平和经济增长率的因素中，真实利率是唯一能够与物价和经济增长保持长期稳定关系的变量，因而调整真实利率应该成为央行货币政策操作的主要方式。谢平和罗雄（2002）、陆军和钟丹（2003）最早利用泰勒规则对中国货币政策进行检验，结果表明泰勒规则能够很好地拟合我国货币操作实践，适宜作为评判货币松紧性的参照。卞志村（2006）、李琼和王志伟（2009）以及张岐山和张代强（2007）等人对泰勒规则中的反应参数进行了估计，结果均显示，虽然泰勒规则能很好地拟合我国的利率变动，但利率对通胀反应不足，说明泰勒规则是一种不稳定的政策规则，无法有效完成控物价的政策目标。欧阳志刚（2009）在泰勒规则中引入非线性特征，实证结果显示央行在紧缩环境中下调利率速度更快，宽松时期上调利率速度相对较慢，政策操作具有非对称特性。刘金全和张小宇（2012）将泰勒规则扩展为时变参数形式，并用基于贝叶斯技术的 Gibbs 抽样估计了该模型，结果显示时变参数泰勒规则较传统泰勒规则能更好地拟合我国名义利率调整历史，并成功捕捉到名义利率对实际产出的调整特征。肖卫国和刘杰（2014）对比了前瞻型、后顾型与混合型泰勒规则，发现央行根据理性预期来调整名义利率能较好地平抑经济波动和维护宏观经济稳定。

通胀目标制是当前最具代表性的货币政策目标规则。在新西兰率先采用这一规则之前，对这一目标制进行研究的文献寥寥无几。20世纪90年代后期，学术界兴起了一股研究这一目标制的热潮。早期开展这一领域研究的学者有 Lederman 和 Svensson（1995）、Mishkin 和 Posen（1997）等，囿于当时采用这一目标制国家数量少、政策实行时间短，他们的研究以案例分析为主。随着数据量的增多，Petursson（2004）、Choi 和 Jung（2009）等学者实证研究通胀目标制的政策效果，认为通胀目标制对于稳定价格水平是有益的。对于通胀目标制在我国的适用性，卞志村（2007）对中国历史数据进行实证分析后认为，灵活通胀目标制对中国尚不适用。刘东华的研究佐证了这一结论，他认为通胀目标制在工业国与新兴市场国家之间的作用效果存在非对称性：在新兴市场国家具有积极的政策效果（刘东华，2011），且能够稳定通胀预期（刘东华，2014），但在工业化国家则缺乏足够可靠的实证支撑。

对于最优货币政策目标制的选择问题，现有研究结论莫衷一是。Judd 和 Motley（1993）对麦科勒姆规则进行修正，以利率工具替代基础货币（这一修正麦科勒姆规则实质上成为了价格型规则），并重新进行了检验。结果表明，在（传统的）麦科勒姆规则下平均通胀最低，而在修正的麦科勒姆规则下有更高的置信度确保通胀位于 0 值附近。殷克东等（2001）基于泰勒规则和麦科勒姆规则对我国中央银行的反应函数进行估计，结果表明麦科勒姆规则及其修正形式能够更好地解释我国货币政策的政策态势。然而杨英杰（2002）对上述两种规则的对比分析却得出了相反的结论：麦科勒姆规则不宜作为中国货币政策的参照标准，泰勒规则才是用来评价中国货币政策效果的合理参照。刘斌（2003）比较了三种不同的货币政策抉择方式的执行效果，发现泰勒规则与完全承诺的最优货币政策规则效果相近。卞志村和胡恒强（2015）在一个三部门 DSGE 模型中对比分析了数量型与价格型货币政策在稳定产出和控制通胀中的作用效果，结果显示价格型工具在熨平短期经济波动方面较数量型工具更优，但数量型工具调控更有利于通货膨胀的稳定。

（二）关于财政冲击对物价影响的文献综述

从既有研究来看，财政冲击对物价水平的影响主要存在三种渠道。一是财政支出上升引致社会总需求增加，进而通过供求关系推高物价水平，这是凯恩斯主义的经典分析，在此不过多赘述；二是财政支出导致赤字扩大，央行为维持政府预算约束只能被动地增发铸币税，货币扩张引致通胀，这是 Sargent 和 Wallace（1981）提出的弱式物价水平财政决定论（Fiscal Theory of Price Level，FTPL）的观点；三是财政变动可以不经货币部门而直接作用于物价水平，此即 Leeper（1991）、Woodford（1995，1996）等人提出的强式的物价水平财政决定论（下称强式 FTPL）。

传统观点认为货币存量是价格的唯一决定因素（Friedman & Schwarz，1963），财政政策只是被动地调节政府基本盈余，以保证在任何价格水平下的偿债能力（Sargent & Wallace，1981），此即所谓"不合意的货币主义算式"。Woodford（1996）认为，在上述情形下，货币政策实质上从属于财政政策。与这一思路类似的，Leeper（1991）提出了政策主、被动的划分，并认为在财政主动、货币被动（AF/PM）条件下价格水平主要由财政政策决定。以上分析范式都被称为李嘉图制度下的弱式 FTPL。

强式 FTPL 理论认为，政府跨期预算等式不是每期都必须满足的约束条件，而是一个均衡条件；货币政策决定的不是一个价格，而是一簇价格，即存在多重均衡，财政政策提供了用于确定实际物价水平的另一个均衡条件（Sims，1994；Woodford，1995，1996；Cochrane，1998）。在这一制度下，财政和货币政策均自主行事，财政政策可以独立决定稳态物价水平。Bohn（1998）和 Canzoneri 等（2001）从政策操作视角给出对 FTPL 进行检验的识别标准，但这些标准一经提出就受到了 Cochrane（1998）和 Sala（2004）等人的质疑，因为无论在哪一制度下，稳态时预算现值约束（Present Value of Budget Constraint，PVBC）均始终成立，因而不能作为可靠的识别标准。方红生（2008）认为，基于局部制度模拟视角提出的识别标准更具可行性，具有代表性的识别标准有 Woodford（1996）、Kim（2003）和 Sala（2004）等。

在实证方面，学者从直接和间接两个途径检验财政冲击对通货膨胀的作用。

所谓直接验证，即利用计量模型探究财政收支与通货膨胀的关系；而间接验证则是以前文所列 FTPL 识别标准对我国财政政策的制度属性（Fiscal Policy Property）进行识别，若 FTPL 得以证实，则可知我国物价水平受财政因素决定。

在直接检验方面，崔惠民等（2014a）构建包含通胀率、财政支出和货币供应量三变量 VAR 模型，实证检验了财政支出和货币发行对通胀水平的影响，结果表明我国通胀很大程度上是一种财政现象，李鹏等（2015）在引入时变特性的 TVP – VAR – SV 模型下也得到了类似的结论。储德银和宋根苗（2014）通过构建 SVAR 模型得出结论，政府增加购买性支出会导致价格水平上升，但是转移支付的增加则能抑制物价上涨。贾俊雪等（2014）考察了财政和货币政策对资产价格的影响，认为 1998 年之前财政政策在房地产价格增长的动态决定中发挥了关键作用。赵文哲和周业安（2009）基于省际面板数据分析了财政支出竞争对价格水平的影响，由于生产效应和内部需求效应的存在，财政支出竞争导致未来本地区通胀下降。

在间接检验方面，崔惠民等（2014b）等基于 C. C. D 的识别条件认定 FTPL 在我国适用，方红生和朱保华（2008）利用 Sala（2004）和 Kim（2003）提出的识别标准得到了类似的结论。这意味着，我国物价水平由财政政策决定，因而财政支出可以直接影响到价格水平。然而尹雷和赵亮（2016）通过 TVP – VAR – SV 模型检验了局部均衡模拟制度下的识别条件，却否定了强式 FTPL 在我国的适用性。换言之，财政政策对物价水平的作用需要货币政策的配合。

（三）关于财政支出结构对经济影响的文献综述

财政支出对宏观经济的影响不仅体现在总量上，也体现于财政支出的内在构成上。传统的分析范式将政府支出划分为生产性与非生产性两大类，更为深入的研究则依财政预算细分类目对其进行划分，研究的着眼点大多聚焦于经济增长和民生福利两方面。

在经济增长方面，Landau（1983）、Barro（1990）等认为政府生产性支出的增加有利于经济增长。在最优状态下，生产性和非生产性支出的比例应与二者对社会总产出的贡献度相匹配（Devarajan et al.，1996）。针对我国的现实国情，郭庆旺等（2003）实证得出，财政生产性支出与经济增长呈正相关，财政人力资本投资比物质资本投资更能提高经济增长率，而科学研究领域的政府投资所带来的经济增长又远远高于物质资本投资和人力资本投资对增长的拉动。杨友才（2009）基于分税制改革后的省际面板数据得出，财政部门农业支出、部门事业费支出和城市维护费支出占比的增长显著提升了人均 GDP 的增长率；科教文卫、经济建设支出对人均 GDP 增长具有拉动作用，但统计上不显著；行政管理和社保支出对省际经济增长具有明显的负向效用。

在社会民生福利方面，学者主要从私人消费、城乡收入差距和就业等视角着手分析。李春琦和唐哲一（2010）建立代表性消费者的跨期迭代理论模型考察了财政支出结构与私人消费之间的关系，结果表明政府行政管理费用对私人消费有挤出作用，而文教费用、经济建设支出及补贴支出对私人消费存在拉动。王艺名和蔡翔（2010）从城乡收入差距视角切入，基于省际面板数据得出各财政支出类目对城乡收入差距的影响，认为农业支出和企业改造支出在缩小城乡差距方面效果突出。在就业问题上，郭新强和胡永刚（2012）认为政府生产性支出增加能够促进就业，但对就业促进的有效性依赖于财政支出结构偏向。具体而言，政府投资性支出可刺激就业，而服务型支出的增长则会抑制就业。

（四）文献述评

关于财政、货币政策对物价水平影响效应的文献相对丰富。货币政策方面的研究焦点大多集中于三个方面。一是该政策在我国的适用性检验，即是否能够拟合我国货币政策操作历史。二是对政策参数的估计，既有研究大多显示我国泰勒规则中对通胀缺口的反应不足，即利率调整不足以实现稳定物价的目标。三是最优货币政策规则的选择问题，当前学界对此仍存争论，莫衷一是。对于财政政策和通胀之间的关系，学者主要从两条路径开展研究，一是直接通过计量建模探寻财政支出和通胀率之间的关系，此类研究大多证实财政支出对通胀的推动作用。二是通过证实 FTPL 理论在我国的适用性而间接寻找物价受财政影响的证据，目前学界对此同样存在争议。在财政支出结构问题上，既有研究大多关注于经济增长和社会福利两方面，鲜有文献涉及财政结构与通货膨胀之间的内在联系。

通过对以上文献的梳理，我们可以发现，既有研究大多以静态的、确定性的、局部均衡的方式开展分析，因而面临着卢卡斯批判的问题。另外，鲜有文献同时将财政、货币二者纳入一个统一的分析框架中探究最优货币政策规则的选择问题，换言之，对于结构性财政支出冲击下我国最优货币政策规则如何选择，学界尚未给出充分可信的答案。基于以上两点，本节拟在动态随机一般均衡框架下对这一问题开展进一步的探究。

三、DSGE 模型构建

我们假设经济活动中包含家庭、厂商（包含中间品厂商和最终品厂商）、中央银行和政府部门四部门。家庭部门包含大量同质化的居民，他们从最终品消费、货币持有和政府非生产性支出中获得效用，而劳动会带来负效用。家庭通过劳动获得工资、出租资本获得租金，并用这些收入进行消费、投资、购买国债、持有货币和支付一次性总付税。中间品厂商通过雇佣劳动、租用私人资本、免费使用公共资本来生产中间品，对产品定价遵循 Calvo（1983）的黏性定价方法，并假设技术水平固定不变。最终品厂商使用中间品来生产最终产品。财政部门通过发行国债和征收税收获得收入，并运用财政收入偿还上期国债本息、进行生产性和非生产性支出。货币当局按既定的货币政策规则形式，我们同时设立数量型和价格型两种规则，并逐个分析在每一种规则下经济体系的运行状况。

（一）家庭部门

设定家庭部门效用函数为

$$U = E_t \sum_{i=0}^{\infty} \beta^i \Big[\frac{C_{t+i}^{1-\sigma_c}}{1-\sigma_c} - \chi_N \frac{N_{t+i}^{1+\sigma_N}}{1+\sigma_N} + \chi_M \frac{(M_{t+i}/P_{t+i})^{1-\sigma_M}}{1-\sigma_M} + \chi_G \frac{G_{t+i}^{1-\sigma_G}}{1-\sigma_G} \Big]$$

(2.18)

预算约束为

$$C_t + \frac{M_t}{P_t} + \frac{B_t}{P_t} + i_t + \tau_t = \frac{W_t N_t}{P_t} + \frac{M_{t-1}}{P_t} + \frac{B_{t-1} R_{b,t-1}}{P_t} + k_t r_{k,t}$$

(2.19)

其中，变量 C、N、M、P、G、W、B、k、i 和 τ 分别为家庭消费、劳动、货币持有量、价格水平、政府非生产性支出、名义工资率、债券持有量、家庭资本存量、家庭投资和一次性总付税，下标表示发生的时期。$R_{b,t}$ 为 t 期债券的毛收益率[①]，$r_{k,t}$ 为资本的净收益率。参数 σ_c、σ_N、σ_M 和 σ_G 分别为消费跨期替代弹性的倒数、Frisch 劳动供给弹性的倒数、货币持有跨期替代弹性的倒数和政府非生产性支出跨期替代弹性的倒数。参数 χ_N、χ_M 和 χ_G 分别为劳动、货币持有、政府非生产性支出带来效用的相对权重。

家庭的资本存量变动遵循如下规则：

$$k_t = (1 - \delta)k_{t-1} + i_t \qquad (2.20)$$

其中参数 δ 为折旧率。

总消费品 C 由异质性的 c_j 构成，即

$$C_t = \left[\int_0^1 c_{j,t}^{\frac{\theta_c-1}{\theta_c}} \mathrm{d}j \right]^{\frac{\theta_c}{\theta_c-1}} \qquad (2.21)$$

其中，参数 θ_c 为消费品 j 的替代弹性。

家庭第一阶段的选择是，在支出最小的情况下购买总量为 C 的产品，即

$$\min \int_0^1 p_{j,t} c_{j,t} \mathrm{d}j \qquad (2.22)$$

在式（2.21）约束下，运用拉格朗日乘数法求解式（2.22）的优化问题，设 λ_t 为拉格朗日乘子，可求得家庭 j 对商品 $c_{j,t}$ 的需求为

$$c_{j,t} = \left(\frac{p_{j,t}}{P_t} \right)^{-\theta_c} C_t \qquad (2.23)$$

家庭第二阶段的决策是，选择合适的 C、N、M、B、i。用拉格朗日函数法在式（2.19）约束下求解式（2.18）的最大化问题，设 $\lambda_{L,t}$ 为拉格朗日乘子，可以得到一阶条件为

$$\frac{\chi_N N_t^{\sigma_N}}{C_t^{-\sigma_c}} = \frac{W_t}{P_t} \qquad (2.24)$$

$$C_t^{-\sigma_c} = \beta R_{b,t} E_t \left(\frac{1}{1 + \pi_{t+1}} \right) C_{t+1}^{-\sigma_c} \qquad (2.25)$$

$$\frac{\chi_M \left(\dfrac{M_t}{P_t} \right)^{-\sigma_M}}{C_t^{-\sigma_c}} = \frac{r_{b,t}}{1 + r_{b,t}} \qquad (2.26)$$

[①] 毛收益率即为本息和收益率，且有 $R_{b,t} = 1 + r_{b,t}$。

$$(1 + \pi_{t+1})(1 + r_{r,t}) = R_{b,t} \tag{2.27}$$

$$\beta(1 + r_{r,t}) = 1 \tag{2.28}$$

$$1 + r_{r,t} = \frac{1 - \delta}{1 - r_{k,t}} \tag{2.29}$$

$$\frac{P_{t+1}}{P_t} = 1 + \pi_{t+1} \tag{2.30}$$

式（2.24）为劳动供给方程，式（2.25）为消费的跨期决策，式（2.26）为消费与货币持有的选择，式（2.27）联系名义债券利率和实际利率，式（2.28）描述稳态下折现率与实际利率的关系，式（2.29）联系实际利率和资本收益率，式（2.30）联系价格水平和通胀率。

（二）企业部门

1. 最终品厂商。最终品厂商使用均匀分布于 [0，1] 的中间品 $y_{j,t}$ 来生产最终品 Y_t：

$$Y_t = \left[\int_0^1 y_{j,t}^{\frac{\theta_y - 1}{\theta_y}} \mathrm{d}j \right]^{\frac{\theta_y}{\theta_y - 1}} \tag{2.31}$$

最终厂商按利润最大化原则作出对 y_{jt} 的购买决策：

$$\max P_t Y_t - \int_0^1 p_{j,t} y_{j,t} \mathrm{d}j \tag{2.32}$$

其中，参数 θ_y 表示不同中间品的替代弹性。当 $\theta_y \to \infty$ 时，市场趋于完全竞争，即所有的中间品都是可替代的。

在式（2.31）的生产函数约束下，使用拉格朗日乘数法求解式（2.32）的最优化问题，设拉格朗日乘子为 $\lambda_{F,t}$，得到对 $y_{j,t}$ 的需求函数和价格指数为

$$y_{j,t} = \left(\frac{p_{j,t}}{P_t} \right)^{-\theta_y} Y_t \tag{2.33}$$

$$P_t = \left[\int_0^1 p_{j,t}^{1-\theta_y} dj \right]^{\frac{1}{1-\theta_y}} \tag{2.34}$$

2. 中间品厂商。设中间品厂商的生产函数为柯布—道格拉斯形式：

$$y_{j,t} = Z_t N_{j,t}^{1-\alpha} k_{j,t}^{\alpha} K_t^{\alpha_K} \tag{2.35}$$

中间品厂商依据成本最小化原则确定对劳动和资本的使用量，面临优化问题：

$$\min \frac{W_t N_{j,t}}{P_t} + r_{k,t} k_{j,t} \tag{2.36}$$

其中，参数 α 为柯布—道格拉斯函数中资本的产出弹性。K_t 为社会公共资本存量，由政府生产性支出形成，企业无偿使用。

在式（2.35）约束下，使用拉格朗日乘数法求解式（2.36）的最优化问题，得到

$$\frac{N_{j,t} \cdot W_t/P_t}{1-\alpha} = \frac{r_{k,t} k_{j,t}}{\alpha} \tag{2.37}$$

$$MC_{j,t} = \frac{(W_t/P_t)^{1-\alpha} r_{k,t}^{\alpha}}{Z_t K_t^{\alpha_K}(1-\alpha)^{1-\alpha}\alpha^{\alpha}} \tag{2.38}$$

其中 $MC_{j,t}$ 是在 t 期生产产品 j 的边际成本。式（2.37）描述了中间品厂商在雇佣劳动与租用资本间的选择，式（2.38）为边际成本函数。从式（2.38）可见，实际工资率和资本收益率越高，则边际成本越高；技术水平和公共资本越高，边际成本越低。

中间品厂商的定价遵循 Calvo（1983）的黏性价格机制，每一期中有 ω 比例的厂商不能调整价格。厂商的生产决策旨在实现未来预期利润折现值最大化，且厂商会考虑到自己未来有一定概率不能调整价格的因素，因而优化问题为

$$\max E_t \sum_{i=0}^{\infty} \omega^i \Delta_{t,t+i}\left[\left(\frac{p_{j,t}}{P_{t+i}} - MC_{j,t+i}\right)y_{j,t+i}\right] \tag{2.39}$$

其中，$\Delta_{t,t+i}$ 为从第 $t+i$ 到第 t 期的贴现率，可表示为

$$\Delta_{t,t+i} = \beta^i \left(\frac{C_{t+i}}{C_t}\right)^{-\sigma_c} \tag{2.40}$$

结合式（2.33）和式（2.34），求解式（2.39）的一阶条件，可以得到最优定价 P_t^*：

$$P_t^* = \frac{\theta_y}{\theta_y - 1} \frac{E_t \sum_{i=0}^{\infty} \omega^i \beta^i C_{t+i}^{-\sigma_c} Y_{t+i} MC_{j,t+i} P_{t+i}^{\theta_y}}{E_t \sum_{i=0}^{\infty} \omega^i \beta^i C_{t+i}^{-\sigma_c} Y_{t+i} P_{t+i}^{\theta_y - 1}} \tag{2.41}$$

总体价格水平由可调整价格的厂商和不可调整价格的厂商加总得到，即

$$P_t^{1-\theta_y} = (1-\omega)P_t^{*\,1-\theta_y} + \omega P_{t-1}^{1-\theta_y} \tag{2.42}$$

（三）政府部门

政府面临如下财政均衡条件：

$$G_t + I_t + \frac{R_{b,t-1}B_{t-1}}{P_t} = \frac{B_t}{P_t} + \tau_t + \frac{M_t - M_{t-1}}{P_t} \tag{2.43}$$

其中，I 为政府生产性支出，形成公共资本 K：

$$K_t = (1 - \delta_K)K_{t-1} + I_t \tag{2.44}$$

其中，参数 δ_K 为社会公共资本的折旧率。

财政部门的生产性和非生产性政府支出会受到冲击，其行为模式为

$$G_t = \rho_G G_{t-1} + e_{G,t} \tag{2.45}$$

$$I_t = \rho_I I_{t-1} + e_{I,t} \tag{2.46}$$

政府支出与政府投资冲击遵循一阶自回归过程：

$$e_{G,t} = \rho_{e,G} e_{G,t-1} + \varepsilon_{G,t} \tag{2.47}$$

$$e_{I,t} = \rho_{e,I} e_{I,t-1} + \varepsilon_{I,t} \tag{2.48}$$

其中，$\varepsilon_G \sim N(0, \sigma_G^2)$，$\varepsilon_I \sim N(0, \sigma_I^2)$，二者分别为外生的政府支出和政府投资冲击。

（四）中央银行部门

1. 麦科勒姆规则。在央行采用数量型货币政策规则的情况下，假设依麦科勒姆规则调整货币供给增长率。设名义货币供给增长率为 $g_t = M_t/M_{t-1}$，实际货币供给为 $m_t = M_t/P_t$，用 $\hat{m}_t$ 表示实际货币余额与稳态值的偏离，则货币供给增长率可表示为

$$\hat{m}_t - \hat{m}_{t-1} = \hat{g}_t - \hat{\pi}_t \tag{2.49}$$

式（2.49）从货币供给过渡到货币增长率。考虑到货币政策调控具有平滑特性，根据 Zhang（2009）和李成等（2011）的假设，设定货币供给增长率满足：

$$\hat{g}_t = \rho_{g,g}\hat{g}_{t-1} - \rho_{g,\pi}E_t\hat{\pi}_{t+1} - \rho_{g,Y}\hat{Y}_t + e_{g,t} \tag{2.50}$$

式（2.50）中各带尖号上标的字母表示其偏离稳态的比例，$e_{g,t}$ 为外生随机冲击，并有

$$e_{g,t} = \rho_{e,g} e_{g,t-1} + \varepsilon_{g,t} \tag{2.51}$$

其中，$\varepsilon_{g,t} \sim N(0,\sigma_g^2)$ 为随机货币供给增速冲击。

2. 泰勒规则。在央行采用价格型货币政策规则的情况下，假设依泰勒规则调整名义债券利率，并考虑利率平滑，有

$$\hat{r}_{b,t} = \rho_{r,r}\,\hat{r}_{b,t-1} + \rho_{r,\pi}E_t\,\hat{\pi}_{t+1} + \rho_{r,Y}\,\hat{Y}_t + e_{r_b,t} \tag{2.52}$$

$$e_{r_b,t} = \rho_{e,r}e_{r_b,t-1} + \varepsilon_{r_b,t} \tag{2.53}$$

其中，$\varepsilon_{r_b,t} \sim N(0,\sigma_{r_b}^2)$ 为随机名义债券利率冲击。

3. 通胀目标规则。参照卞志村和孙俊（2011）的做法，我们通过校准政策参数的方法设定通胀目标规则下央行的操作函数。简言之，可认为通胀目标规则是泰勒规则式（2.52）的一种特定形式，此规则下实际利率对产出缺口的政策反应系数 $\rho_{r,Y}$ 为 0。

（五）市场出清

市场出清条件为

$$Y_t = C_t + G_t + I_t + i_t \tag{2.54}$$

$$N_t = \int_0^1 N_{jt}\mathrm{d}j \tag{2.55}$$

$$k_t = \int_0^1 k_{jt}\mathrm{d}j \tag{2.56}$$

$$Y_t = \int_0^1 y_{jt}\mathrm{d}j \tag{2.57}$$

（六）模型的对数线性化

前述方程大多包含复杂的非线性结构，难以使用线性代数方法进行运算处理；另外，迭代模拟的初值对模拟结果有直接而显著的影响，但合理确定初值存在技术上的困难。利用对数线性化方法将模型转化为各变量偏离稳态的比例，可以同时解决上述两个问题。为此，本节将推导关键最优条件和市场出清条件的对数线性形式。除非特别说明，带尖号上标的字符表示相应变量对稳态值的偏离率，例如 $\hat{X}_t = \dfrac{X_t - \overline{X}}{\overline{X}}$。

家庭资本积累方程式（2.20）对数线性化的形式为

$$\hat{k}_t = (1-\delta)\,\hat{k}_{t-1} + \delta\,\hat{i}_t \tag{2.58}$$

其中，δ 为折旧率。

描述消费与闲暇选择关系的式（2.24）对数线性化的形式为

$$\sigma_N \hat{N}_t + \sigma_c \hat{C}_t = \hat{W}_t - \hat{P}_t \tag{2.59}$$

家庭消费的欧拉方程式（2.25）对数线性化为

$$- \sigma_c \hat{C}_t = \hat{R}_{b,t} - E_t \hat{\pi}_{t+1} - \sigma_c \hat{C}_{t+1} \tag{2.60}$$

消费和货币持有的决策方程式（2.26）对数线性化为

$$- \sigma_M (\hat{M}_t - \hat{P}_t) + \sigma_c \hat{C}_t = \hat{r}_{b,t} - \hat{R}_{b,t} \tag{2.61}$$

联系名义债券利率和实际利率的式（2.27）对数线性化为

$$\hat{\pi}_{t+1} + \hat{R}_{r,t} = \hat{R}_{b,t} \tag{2.62}$$

联系实际利率与资本收益率的式（2.29）对数线性化为

$$\hat{R}_{r,t} = \left[\frac{1}{\beta(1-\delta)} - 1 \right] \hat{r}_{k,t} \tag{2.63}$$

联系价格与通胀率的式（2.30）对数线性化为

$$\hat{P}_{t+1} - \hat{P}_t = \hat{\pi}_{t+1} \tag{2.64}$$

劳动力需求方程式（2.37）为

$$\hat{N}_t + \hat{W}_t - \hat{P}_t = \hat{r}_{k,t} + \hat{k}_t \tag{2.65}$$

边际成本函数式（2.38）为

$$\hat{MC}_t = (1-\alpha)(\hat{W}_t - \hat{P}_t) + \alpha \hat{r}_{k,t} - \hat{Z}_t - \alpha_K \hat{K}_t \tag{2.66}$$

中间厂商的最优定价方程式（2.41）对数线性化可以得到定价公式与新凯恩斯菲利普斯曲线：

$$\hat{P}_t^* = \omega\beta \hat{P}_{t+1}^* + (1-\omega\beta)\left[\hat{MC}_t + \hat{P}_t \right] \tag{2.67}$$

黏性条件下的社会总体价格水平式（2.42）对数线性化为

$$\hat{P}_t = (1-\omega) \hat{P}_t^* + \omega \hat{P}_{t-1} \tag{2.68}$$

政府预算约束方程式（2.43）对数线性化为

$$\frac{G_{ss}}{Y_{ss}}\hat{G}_t + \frac{I_{ss}}{Y_{ss}}\hat{I}_t + \frac{R_{b,ss}B_{ss}}{P_{ss}Y_{ss}}(\hat{R}_{b,t-1} + \hat{B}_{t-1} - \hat{P}_t)$$

$$= \frac{B_{ss}}{P_{ss}Y_{ss}}(\hat{B}_t - \hat{P}_t) + \frac{\tau_{ss}}{Y_{ss}}\hat{\tau}_t + \frac{M_{ss}}{P_{ss}Y_{ss}}(\hat{M}_t - \hat{M}_{t-1} - \hat{P}_t)① \qquad (2.69)$$

联系政府投资与社会公共资本的式（2.44）对数线性化为

$$\hat{K}_t = (1 - \delta_K)\hat{K}_{t-1} + \delta_K\hat{I}_t \qquad (2.70)$$

财政部门的生产性和非生产性政府支出冲击式（2.45）和式（2.46）分别对数线性化为

$$\hat{G}_t = \rho_G\hat{G}_{t-1} + (1 - \rho_G)\hat{e}_{G,t} \qquad (2.71)$$

$$\hat{I}_t = \rho_I\hat{I}_{t-1} + (1 - \rho_I)\hat{e}_{I,t} \qquad (2.72)$$

冲击$\hat{e}_{G,t}$和$\hat{e}_{I,t}$均服从一阶自回归过程：

$$\hat{e}_{G,t} = \rho_{e,G}\hat{e}_{G,t-1} + (1 - \rho_{e,G})\hat{\varepsilon}_{G,t} \qquad (2.73)$$

$$\hat{e}_{I,t} = \rho_{e,I}\hat{e}_{I,t-1} + (1 - \rho_{e,I})\hat{\varepsilon}_{I,t} \qquad (2.74)$$

式（2.49）和式（2.50）为对数线性化之后的数量型货币政策操作规则，即麦科勒姆规则。联系名义货币供应量与实际货币供应量的关系式$\frac{M_t}{P_t} = m_t$对数线性化后为

$$\hat{M}_t - \hat{P}_t = \hat{m}_t \qquad (2.75)$$

对货币供给增长率冲击结构式（2.51）进行对数线性化，有

$$\hat{e}_{g,t} = \rho_{e,g}\hat{e}_{g,t-1} + (1 - \rho_{e,g})\hat{\varepsilon}_{g,t} \qquad (2.76)$$

式（2.52）为对数线性化后的价格型货币政策操作规则，即泰勒规则。对债券利率冲击结构式进行对数线性化，有

$$\hat{e}_{r_b,t} = \rho_{e,r}\hat{e}_{r_b,t-1} + (1 - \rho_{e,r_b})\hat{\varepsilon}_{r_b,t} \qquad (2.77)$$

对市场出清条件式（2.54）进行对数线性化，得到

---

① 式中带有 ss 下标的字母代表对应变量的稳态值，下同。

$$\hat{Y}_t = \frac{C_{ss}}{Y_{ss}} \hat{C}_t + \frac{G_{ss}}{Y_{ss}} \hat{G}_t + \frac{I_{ss}}{Y_{ss}} \hat{I}_t + \frac{i_{ss}}{Y_{ss}} \hat{i}_t \qquad (2.78)$$

对总量生产函数式（2.57）进行对数线性化，结合式（2.35）、式（2.55）和式（2.56），有

$$\hat{Y}_t = (1 - \alpha) \hat{N}_t + \alpha \hat{k}_t + \alpha_K \hat{K}_t \qquad (2.79)$$

$R_{b,t}$ 与 $r_{b,t}$ 的关系为

$$\left(1 - \frac{1}{R_{b,ss}}\right) \hat{r}_{b,t} = \hat{R}_{b,t} \qquad (2.80)$$

技术冲击变动为

$$\hat{Z}_t = \rho_Z \hat{Z}_{t-1} \qquad (2.81)$$

税收冲击变动为

$$\hat{\tau}_t = \rho_\tau \hat{\tau}_{t-1} \qquad (2.82)$$

上述式（2.49）—式（2.53）、式（2.58）—式（2.82）构成了描述整个经济体运行状况的方程组。具体而言，式｛（2.49）、（2.50）、（2.51）、（2.58）—（2.82）｝描述了数量型规则下的经济运行状况，式｛（2.52）、（2.53）、（2.58）—（2.82）｝描述了价格型规则下经济运行状况。动态系统包含 27 个内生变量 $\hat{k}_t$、$\hat{K}_t$、$\hat{i}_t$、$\hat{N}_t$、$\hat{C}_t$、$\hat{W}_t$、$\hat{P}_t$、$\hat{P}_t^*$、$\hat{Y}_t$、$\hat{R}_{b,t}$、$\hat{R}_{r,t}$、$\hat{r}_{b,t}$、$\hat{r}_{k,t}$、$\hat{\pi}_t$、$\hat{M}_t$、$\hat{m}_t$、$\hat{MC}_t$、$\hat{Z}_t$、$\hat{G}_t$、$\hat{I}_t$、$\hat{B}_t$、$\hat{\tau}_t$、$\hat{g}_t$、$\hat{e}_{G,t}$、$\hat{e}_{I,t}$、$\hat{e}_{g,t}$、$\hat{e}_{r_b,t}$，同时包含 31 个参数 β、δ、δ_K、σ_c、σ_M、σ_N、α、α_K、ω、ρ_G、ρ_I、ρ_Z、ρ_τ、$\rho_{e,G}$、$\rho_{e,I}$、$\rho_{g,g}$、$\rho_{g,\pi}$、$\rho_{g,Y}$、$\rho_{e,g}$、$\rho_{r,r}$、$\rho_{r,\pi}$、$\rho_{r,Y}$、$\rho_{e,r}$、$\frac{C_{ss}}{Y_{ss}}$、$\frac{G_{ss}}{Y_{ss}}$、$\frac{I_{ss}}{Y_{ss}}$、$\frac{i_{ss}}{Y_{ss}}$、$\frac{B_{ss}}{P_{ss}Y_{ss}}$、$\frac{\tau_{ss}}{Y_{ss}}$、$\frac{M_{ss}}{P_{ss}Y_{ss}}$、$R_{b,ss}$。

特别地，当 $\rho_{r,Y} = 0$ 时，央行对利率的调控只盯住通胀，而不关注于产出水平，此时货币当局的行为模式表现为通胀目标制规则。

四、参数校准与脉冲响应分析

基于上一节建立的模型，本节中我们根据既有研究和经济运行数据对参数

进行校准，并利用 Dynare 工具包在 Matlab[①] 环境中对经济体进行动态模拟。在本节（二）至（四）部分我们将分别分析数量型规则、价格型规则和通胀目标制规则下结构性财政支出冲击和货币规则冲击（包括货币供给量增速冲击和利率冲击）对通胀偏差的影响，第（五）部分对这三种规则的物价稳定效应进行对比分析。

考虑到我国经济运行现实状况、数据可得性和同类文献的惯常口径，参数校准基于季度数据进行。我们报告一单位正向冲击下各内生变量在未来 50 期的脉冲响应结果[②]。脉冲响应图中横轴表示时间，纵轴为各变量对稳态值的偏离率。

（一）参数校准

本节以季度为单位考察模型动态变动，依照中国实际情况和已有的研究文献对经济体系的结构性参数进行赋值。

从式（2.28）可知 $\beta = \dfrac{1}{R_{r,ss}}$，即贴现因子 β 等于稳态时均衡实际利率水平的倒数。取 2007 年 1 月 1 日至 2016 年 6 月 30 日间三个月期上海银行间同业拆借利率（Shibor）的算数平均值（3.9213%）作为名义利率的稳态均衡值 $r_{b,ss}$，减去同期 CPI 均值得到实际利率，可校准季度折现率 β 为 0.995。参照龚六堂和谢丹阳（2004）、陈昆亭和龚六堂（2006）的研究，年度资本折旧率为 10%，则季度折旧率 δ 取 0.025。参照李玉双（2012）的研究，设定社会公共资本年度折旧率为 10%，即有 $\delta_K = 0.025$。

根据陈默（2014）的估计，我国消费跨期替代弹性的倒数 $\sigma_c = 0.36$，货币需求利率弹性的倒数 $\sigma_M = 0.30$，价格刚性的测度 ω 为 0.89（意味着我国存在着较为显著的价格黏性现象，每个季度仅有约 11% 的厂商可以更改价格）。参考 Gali 等（2007），劳动供给的需求弹性的倒数 σ_N 取为 0.42。

[①]　本研究所用的 Dynare 版本为 4.4.3，Matlab 版本为 8.1 或 2013a。Matlab 运行依赖于大量内建和外部函数，因而不能保证在更早期版本上得到同样的结果。特别地，由于 Dynare 语法进行过修订，mod 源程序不能在 4.0 之前的版本上运行；Dynare 内部函数与计量经济领域中常用的 LaSage 工具箱中的函数存在重名现象，如有，则需先行从 Matlab 中移除 LaSage 工具箱。

[②]　参数校准参照了我国季度频率的经济数据，50 期相当于 12.5 年。考虑到我国现实经济运行状况，选择这一时间尺度是合适的。

α 和 α_K 分别为私人资本与公共资本的产出弹性,亦即这两种资本在总产出中的份额或贡献度。学界普遍认同,私人资本和公共资本在生产中的产出弹性存在差异,二者中私人资本更高。李文溥等(2009)测算出我国私人资本的产出弹性为 0.7084,公共资本产出弹性为 0.2832;黄婷婷和杨伟(2010)则认为二者分别为 0.45 和 0.2。李玉双(2012)综合前二者的结论,取值 $\alpha = 0.57$,$\alpha_K = 0.20$。我们沿用李玉双(2012)的取值。

根据李玉双(2012)的估计,政府非生产性支出的自回归系数 $\rho_G = 0.8$,政府生产性支出(政府投资)的自回归系数 $\rho_I = 0.674$。卞志村和杨源源(2016)利用贝叶斯方法估计出财政结构性支出冲击的自回归系数,得到政府非生产性支出冲击的自回归系数 $\rho_{e,G} = 0.1182$,政府生产性支出冲击的自回归系数 $\rho_{e,I} = 0.9815$。

参照 Zhang(2009)以及卞志村和胡恒强(2015)的参数设置,我们校准麦科勒姆规则中货币增速自回归系数 $\rho_{g,g} = 0.8$,货币增速对通胀的反应系数 $\rho_{g,\pi} = 1$,对通胀缺口的反应系数 $\rho_{g,Y} = 0.5$,货币增速冲击的自回归系数 $\rho_{e,g} = 0.75$。参照王君斌等(2013)、卞志村和胡恒强(2015)的参数设置,我们校准泰勒规则中利率的自回归系数 $\rho_{r,r} = 0.75$,利率对通胀的反应系数 $\rho_{r,\pi} = 0.65$,利率对产出缺口的反应系数 $\rho_{r,Y} = 0.15$,利率冲击的自回归系数 $\rho_{e,r} = 0.51$。

李玉双(2012)根据中国现实经济数据测算了部分稳态经济指标。稳态时消费与产出的比率 $\frac{C_{ss}}{Y_{ss}} = 0.464$;稳态时政府非生产性支出与产出的比率 $\frac{G_{ss}}{Y_{ss}} = 0.103$;稳态时政府生产性支出(政府投资)与产出的比率 $\frac{I_{ss}}{Y_{ss}} = 0.0273$;稳态时私人投资与产出的比率 $\frac{i_{ss}}{Y_{ss}} = 0.334$;稳态时实际债务与产出的比率 $\frac{B_{ss}}{P_{ss}Y_{ss}} = 0.14$,该值与刘斌(2009)的设定相近似。

我们使用 1996 年第一季度至 2016 年第二季度之间的 M_0、CPI 与 GDP 数据测算出各期实际货币余额与产出的比率,并以各期算术平均值作为稳态时的比率,得到 $\frac{M_{ss}}{P_{ss}Y_{ss}} = 0.4511$。类似地,我们使用同期政府公共财政收入与 GDP 数据，测算出各期公共财政收入与产出的比率，并以各期算术平均值作为稳态时的比率，得到 $\frac{\tau_{ss}}{Y_{ss}} = 0.4027$。参数校准结果汇总于表 2 – 4 中。

表 2 – 4　　　　　　　　　　　DSGE 模型参数校准值

参数	校准值	来源	参数	校准值	来源
β	0.995	2007.1.1 至 2016.6.30 三个月期 Shibor 利率及同期 CPI	$\rho_{g,\pi}$	1	Zhang（2009） 卞志村和胡恒强（2015）
δ	0.025	龚六堂和谢丹阳（2004） 陈昆亭和龚六堂（2006）	$\rho_{g,Y}$	0.5	Zhang（2009） 卞志村和胡恒强（2015）
δ_K	0.025	李玉双（2012）	$\rho_{e,g}$	0.75	Zhang（2009） 卞志村和胡恒强（2015）
α	0.57	李玉双（2012）	$\rho_{r,r}$	0.75	王君斌等（2013） 卞志村和胡恒强（2015）
α_K	0.20	李玉双（2012）	$\rho_{r,\pi}$	0.65	王君斌等（2013） 卞志村和胡恒强（2015）
σ_c	0.36	陈默（2014）	$\rho_{r,Y}$	0.15	王君斌等（2013） 卞志村和胡恒强（2015）
σ_M	0.30	陈默（2014）	$\rho_{e,r}$	0.51	王君斌等（2013） 卞志村和胡恒强（2015）
σ_N	0.42	陈默（2014）	$\frac{C_{ss}}{Y_{ss}}$	0.464	李玉双（2012）
ω	0.89	陈默（2014）	$\frac{G_{ss}}{Y_{ss}}$	0.103	李玉双（2012）
ρ_G	0.8	李玉双（2012）	$\frac{I_{ss}}{Y_{ss}}$	0.0273	李玉双（2012）
ρ_I	0.674	李玉双（2012）	$\frac{i_{ss}}{Y_{ss}}$	0.334	李玉双（2012）
ρ_Z	0.7246	陈默（2014）	$\frac{B_{ss}}{P_{ss}Y_{ss}}$	0.14	李玉双（2012）

参数	校准值	来源	参数	校准值	来源
ρ_τ	0.8	陈默（2014）	$\dfrac{\tau_{ss}}{Y_{ss}}$	0.4027	1996Q1 - 2016Q2 公共财政收入，GDP
$\rho_{e,G}$	0.1182	卞志村和杨源源（2016）	$\dfrac{M_{ss}}{P_{ss}Y_{ss}}$	0.4511	1996Q1 - 2016Q2 M0，CPI，GDP
$\rho_{e,I}$	0.9815	卞志村和杨源源（2016）	$R_{b,ss}$	1.01	2007.1.1 - 2016.6.30 三个月期 Shibor 利率
$\rho_{g,g}$	0.8	Zhang（2009） 卞志村和胡恒强（2015）			

（二）数量型规则下通胀偏差的脉冲响应分析

图 2-9 为数量型（麦科勒姆）规则下通胀对政府非生产性支出冲击的脉冲响应函数。由图可见，在一单位正向政府非生产性财政支出冲击下，通胀水平正向响应，随后逐步向稳态水平回归，最终于 32 期左右重新达到稳态。值得注意的是，通胀水平在向稳态回归的过程中不存在超调现象。

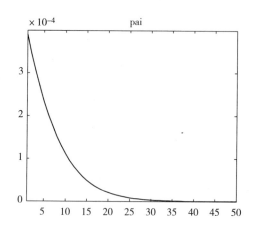

图 2-9　数量型规则下通胀对政府非生产性支出冲击的脉冲响应

图 2-10 为数量型规则下通胀对政府生产性支出（政府投资）的脉冲响应函数。由图可见，在一单位正向冲击下，通胀水平先正向响应，于第五期回归到零点，随后出现超调。在第 10 期，通胀偏差出现负向最大值，并开始逐步向零值回归，直至 37 期前后回复到稳态。

这一条件下出现超调现象的原因可能在于，政府生产性支出冲击短期内增加了社会公共资本存量，这些资本被企业用于生产中间产品，引致社会总产出的增长，进而通过供求关系降低了价格水平。模拟结果还显示，从政府投资增加到物价水平出现下降，这一过程的时滞约为 2.5 年。

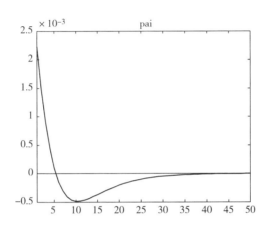

图 2 - 10　数量型规则下通胀对政府生产性支出冲击的脉冲响应

　　图 2 - 11 反映了数量型货币规则自身冲击对通胀的影响。在一单位实际货币余额增速正向冲击下，通胀水平正向响应，于第 2 期达到正向最大值，随后向均衡水平回归，并于第 14 期达到零点。这一回归同样伴随着超调现象，通胀水平在第 15 ~ 48 期间表现为负向响应，其中第 21 期达到负向最大值。与图 2 - 10 不同，此处出现超调的原因可能是，货币供给增速冲击使得家庭部门的货币持有量短期内出现了上升，这影响了家庭部门的跨期消费决策，增加了家庭未来的消费计划（这同样也解释了通胀达到最高点前的时滞）。企业部门相应地增加产出，过剩产能引发了长期中的通缩现象。

　　对比图 2 - 9 与图 2 - 10 中通胀偏差对政府非生产性与生产性支出冲击的响应程度可见，非生产性支出冲击引致的通胀偏差更高，约两倍于生产性支出，且长期内没有出现通胀翻转现象。这可能是由于非生产性支出对家庭消费产生了挤出，长期中对社会总产出水平的拉动作用有限。

　　将政府生产性支出与实际货币余额增速进行对比，可见货币扩张引致的通胀偏差程度更高、回归稳态更慢，超调现象出现得更晚。这一现象的原因可能

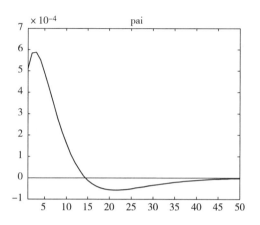

图 2 - 11　数量型规则下通胀对货币供给增速冲击的脉冲响应

在于，货币增速冲击对价格水平的影响更为直接，且对产出的影响较之于政府生产性财政支出更小。

（三）价格型规则下通胀偏差的脉冲响应分析

图 2 - 12 为价格型（泰勒）规则下通胀对政府非生产性支出冲击的脉冲响应。通胀在冲击后出现正向响应，并在第 12 期回复到零点，随后出现超调现象。第 21 期时通胀偏离达到负向最大值，开始逐步向稳态趋近。

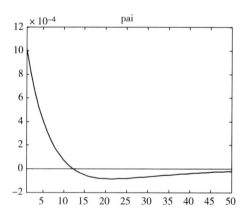

图 2 - 12　价格型规则下通胀对政府非生产性支出冲击的脉冲响应

图 2 - 13 为通胀对政府生产性支出冲击的脉冲响应。由图可以看出，冲击

下通胀水平先正向响应，于第 14 期达到零点，随后出现了强烈而持久的超调现象。通胀的负向变动在第 25 期达到最大值，随后趋向稳态水平，但在考察期内尚未恢复到稳态。

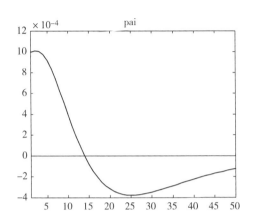

图 2 - 13　价格型规则下通胀对政府生产性支出冲击的脉冲响应

图 2 - 14 为通胀对名义利率冲击的脉冲响应。通胀水平先呈现出显著的负向响应，随后快速向稳态回归，于第 8 期回复到零点水平，随后产生超调现象，通胀呈轻微的正向偏离，在第 15 期达到正向最大值，之后逐步趋近于稳态。

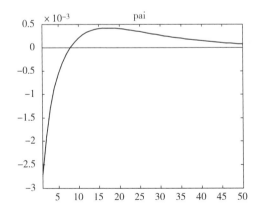

图 2 - 14　价格型规则下通胀对名义利率冲击的脉冲响应

对比图 2 - 12 与图 2 - 13 可见，政府生产性与非生产性支出冲击下通胀水平的初始响应程度相近，但生产性支出冲击下通胀的超调现象明显强于非生产性支出冲击。与前述分析类似，这一超调可能同样是由于政府投资冲击短期内提升了社会公共资本存量、进而引发中长期内总产出水平上升导致的。

这些脉冲响应图的现实含义为，在通胀目标制下，政府支出短期内会导致通胀的上升，但中长期内则会使通胀水平下降；政府生产性支出冲击在中长期内的下降态势较之非生产性支出更为明显。此外，若利率上升，短期内通胀水平会下降，但中长期内则会出现正向增长。

（四）通胀目标制规则下通胀偏差的脉冲响应分析

通胀目标制下通胀偏差对各冲击的响应模式与价格型货币政策规则下相仿。

图 2 - 15 为通胀目标制下通胀对一单位政府非生产性支出冲击的脉冲响应。通胀偏差初始时正向响应，于第 11 期越过零点，并于第 20 期达到负向最大值，随后逐步向稳态回归。

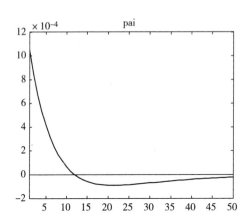

图 2 - 15　通胀目标制下通胀对政府非生产性支出冲击的脉冲响应

图 2 - 16 为通胀对政府生产性支出冲击的脉冲响应。通胀偏差在第 14 期由正转负，显示出明显的超调现象，在第 25 期达到负向最大值，最后逐步向稳态值回归。

图 2 - 17 为通胀对名义利率冲击的脉冲响应。通胀首先呈现负向响应，最后快速向稳态回归，于第 8 期穿过零点，出现轻微的超调现象，在第 16 期达到正向最大值，最后逐步趋向于稳态水平。

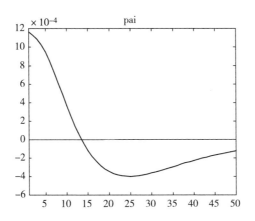

图 2 – 16　通胀目标制下通胀对政府生产性支出冲击的脉冲响应

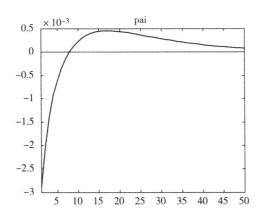

图 2 – 17　通胀目标制下通胀对名义利率冲击的脉冲响应

（五）不同货币政策规则的物价稳定效应对比分析

为了便于对比分析不同货币政策规则的物价稳定效应，我们将图 2 – 9 至图 2 – 17 按冲击来源重新分类，展示于图 2 – 18 至图 2 – 20 中。每幅图中左、中、右三幅子图分别为数量型规则、价格型规则和通胀目标制规则下通胀偏差的脉冲响应。

图 2 – 18 给出了一单位政府非生产性财政支出冲击下数量型、价格型和通胀目标制三种货币政策规则下通胀偏差的脉冲响应函数。对比图 2 – 18 的三幅子图可见，数量型规则的物价稳定效果最好，通胀偏离的初始响应值显著小于

另两种规则，仅约为其40%。此外中长期内数量型规则下的通胀偏离更为稳定，不存在反转现象，但回复到零值的时刻晚于价格型和通胀目标制规则。价格型规则与通胀目标规则下通胀偏差的反应方式基本一致。

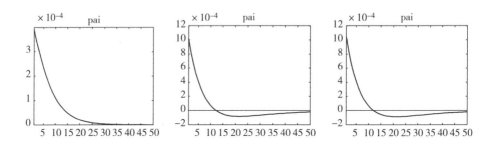

图2-18　不同货币规则下通胀对政府非生产性支出冲击的脉冲响应对比

图2-19给出了一单位政府生产性财政支出冲击下数量型、价格型和通胀目标制三种货币政策规则下通胀偏差的脉冲响应函数。对比图2-19的三幅子图可见，数量型规则下通胀偏离的响应显著高于另两种规则，初始偏离率约为价格型规则的2.2倍、通胀目标制的1.8倍。数量型规则向稳态回归的速度最快，在第5期就回归到零点并出现超调，这一速度快于价格型规则和通胀目标规则下通胀回复稳态所需时间；数量型规则下通胀超调快速平复，而价格型和通胀目标制下通胀偏离的负向变动延续了较长的时期。

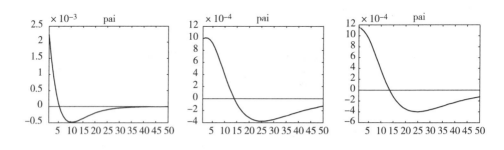

图2-19　不同货币规则下通胀对政府生产性支出冲击的脉冲响应对比

对比价格型规则与通胀目标制规则下的脉冲响应图可见，价格型规则的物价稳定效应略优于通胀目标制，具体表现为初始时刻价格型规则下的通胀偏差比通胀目标制下更小。但总体而言这两种政策下的通胀响应程度类似，说明两种规则在平抑物价波动中的效果相仿。

图2-20给出了一单位货币政策冲击下数量型、价格型和通胀目标制三种货币政策规则下通胀偏差的脉冲响应函数。对于数量型规则,这一冲击为实际货币余额增速冲击;对于价格型与通胀目标规则而言,这一冲击为名义(净)利率冲击。这一比较反映了货币政策规则自身波动对经济体系中通胀水平的影响方式和程度。由图可见,价格型和通胀目标制规则有更强的内在稳定性,能在冲击发生后7期左右回复至零点,而数量型规则需要约15期才可回复至零点。在超调后,三种规则下通胀偏离重新恢复到稳态所需时间基本相近。

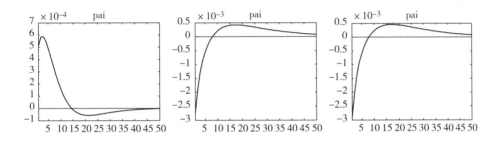

图2-20 不同货币规则下通胀对货币政策冲击的脉冲响应对比

综上所述,数量型货币政策规则(麦科勒姆规则)在面对政府非生产性财政支出冲击时能更好地平抑物价波动,而价格型货币政策规则(泰勒规则)在面对政府生产性财政支出冲击时平抑效果更佳。通胀目标制的政策效果与价格型规则相近似,但在平抑政府生产性支出冲击时略逊一筹。面对政策自身可能遇到的冲击,数量型规则表现出更强的内在稳定性,较之另两种规则能更快地恢复到零值水平。

五、结论与政策建议

本节构建了新凯恩斯主义下的动态随机一般均衡模型(NK-DSGE)来探讨分析数量型、价格型与通胀目标制三种不同的货币政策规则在平抑由政府支出冲击引致的通胀波动中的政策效果。模型将政府支出细分为生产性和非生产性两类,其中政府非生产性支出直接为家庭部门带来效用,而生产性支出会形成社会公共资本,这些公共资本被企业部门的中间品厂商无偿使用。为了对比分析不同货币规则的影响，对于家庭、厂商和政府三部门，我们设定相同的行为模式，而对货币部门（央行）设定不同的行为方程。通过分析在政府生产性和非生产性支出冲击下通货膨胀偏离稳态的水平，本节主要得到了如下结论，并据以提出相应的政策建议。

（一）结论

通过 NK—DSGE 模型的脉冲响应分析，我们系统地审视了不同货币政策规则在平抑政府支出冲击中的物价稳定效应，主要得到如下结论：

第一，通过将政府支出细化为生产性与非生产性支出两类，本节发现不同财政工具对于宏观经济的作用路径、传导机制和政策效果存在显著差异。一般而言，政府生产性支出会导致通胀偏差发生较大的偏离，但中长期内通胀在回复至零点后会出现较为显著的超调现象。

第二，数量型货币政策规则在平抑来自政府非生产性支出冲击中作用效果更佳，较之另两种规则能更有效地控制通胀偏离稳态的水平；价格型货币政策规则则在平抑来自政府生产性支出冲击中具有比较优势。通胀目标规则在稳定物价水平方面的作用效果与价格型规则相仿。

第三，价格型货币政策规则具有更高的内在稳定性，通胀偏差在经历政策自身的冲击后较之于数量型规则和通胀目标规则能更快地恢复到稳态水平。

（二）政策建议

第一，政府在使用财政支出工具进行宏观经济调控时，不仅应注重总量调节，还需要关注支出的内部结构，合理安排政府消费与政府投资之间的比例关系。增加政府生产性支出能够提升社会公共资本存量、进而增加中长期内的产出并降低通胀水平，而非生产性支出则可立竿见影地改善民生、提升居民部门的福利水平。政府部门对财政支出结构的选择，应该统筹兼顾，在经济增长与保障民生、改善福利之间斟酌权衡。

第二，货币政策规则应向价格型渐进转变。随着近年来货币扩张边际效用下降，政策态势有从货币宽松向财政宽松转向的趋势。面对经济下行压力，铁路、公路、基础设施建设投资同比增加，支持创新驱动与传统企业转型升级的财政投入逐步加大。面对生产性政府投资冲击，货币政策规则宜渐进向价格型转向，平抑通胀偏差，稳定宏观经济波动。

第三，财政货币部门应强化部际协调，建立跨部门沟通机制。为稳定经济波动，货币政策规则需要与财政支出结构相适应。畅通的部际沟通渠道可以降低央行的信息获取成本、缩短政策时滞，增强货币政策的有效性。

第五节　市场化进程与财政货币政策的物价调控效果

一、引言与文献回顾

十八届三中全会《决定》中明确指出推进市场在资源配置中起决定性作用、深化经济体制改革，为中国的经济发展释放更多潜能。回顾中国 1978 年改革开放至今的 30 余年，既是中国不断对外开放的过程，同时也是从计划经济体制向市场经济体制转轨的渐变过程。改革开放为中国带来了高速的发展，2010 年我国成为了世界第二大经济体，人们的生活逐渐富裕，中国的面貌发生了彻底改变。然而，这些举世瞩目的成就都离不开以市场化为导向的渐进式改革。

市场化进程不仅在微观层面上重塑着中国的社会，更在宏观层面深刻改造着中国的面貌。方军雄（2007）借鉴 Wurgler（2000）的资本配置效率估算模型研究了我国市场化进程对资本配置效率的影响，发现随着市场化进程的深入，资本将会更快地从低效率领域转向高效率领域。辛清泉和谭伟强（2009）结合国有企业市场化改革的背景发现市场化进程将增强国有企业经理对于企业业绩的敏感性，同时有利于改进国有企业的治理结构。张杰等（2011）通过1997—2007 年企业层面的数据分析表明，市场化程度与企业生产效率密切相关，市场化程度越高的地区，企业往往拥有更高的生产效率。姜付秀和黄继承（2011）的研究表明市场化程度越高，资本结构的调整速度越快。而樊纲等（2011）通过研究发现市场化进程推进了资源配置效率的改善，1997—2007 年，对经济增长的贡献达到年均 1.45 个百分点，全要素生产率的 39.2% 是由市场化贡献的，而未来我国可持续发展的重要动力就是进一步的市场化改革。可见，市场化进程深刻影响着我国的经济增长特别是资本配置效率，这必然也将在一定程度上影响着我国财政货币政策的传递效果。时文朝（2004）的研究结果表明我国的货币政策传导环境使以市场为基础的货币政策虽然对宏观经济有调控作用，但也具有明显的局限性，而明确政府与市场的边界可以改善我国货币政策的传导环境。

尽管对市场化进程研究的文献汗牛充栋，但是关于市场化进程对财政货币政策效果影响的文章国内还少有涉猎，而我国学者在对财政货币政策理论的研究过程中大多都参考西方学者的研究成果，我国与西方国家之间市场化程度存在较大差距这一问题并没有得到充分重视。不过，已经有学者开始注意到传统财政货币理论在我国的适应性问题，并着力寻求合理的解释。李永友和周达军（2007）通过研究发现，我国财政政策对真实利率的影响在统计上并不显著，表明财政政策通过利率机制对私人部门投资需求产生的挤出效应是相当有限的。闫力等（2009）利用1998年1月至2009年3月的经济金融月度数据发现货币政策的价格效应显著而产出效应并不显著。随着经济计量模型的不断发展，在刻画中国经济运行的研究中，部分学者发现时变参数模型可以比固定参数模型更好地模拟中国经济的运行轨迹。孙焱林等（2011）认为，中国渐进式的改革实践要求中国宏观时间序列的建模允许参数平滑变化，并利用时变参数 VAR 模型解释了中国的"斜率之谜"。刘金全和张小宇（2012）则通过时变参数"泰勒规则"描述了名义利率的变化过程，并成功捕捉到我国货币当局由"相机抉择型"向"规则型"的转变。基于上述研究，本节吸收了时变参数模型的部分思想，并结合 VAR 模型方差分解方法力求贴合现实地描述我国财政货币政策对物价水平影响的变化轨迹。

本节其余部分内容安排如下：第二部分引入含有市场化指数的经济增长模型分析了市场化进程对货币财政政策产生的影响；第三部分借鉴时变参数的思想，结合 VAR 模型中预测方差分解技术得到我国财政货币政策对物价水平影响变化的代理变量，并利用 ARDL 模型进行实证分析；第四部分对前述分析进行稳健性检验；第五部分对本节进行总结并提出相应的建议。

二、引入市场化指数的财政货币政策分析框架

樊纲等（2011）学者在研究市场化与经济增长之间关系时率先将市场化指数引入经济增长模型中：

$$Y_t = A_t K_t^\alpha L_t^\beta E_t^\gamma \tag{2.83}$$

$$A_t = Ae^{(\rho MI_t + \delta \ln Tech_t + \theta Tran_t + u_t)} \tag{2.84}$$

A_t 表示全要素生产率（TFP），Y_t、K_t、L_t、E_t 分别表示产出、物质资本投入、劳动力数量和人均受教育水平，α、β、γ 分别代表了物质资本、劳动力数量和人均教育水平的产出弹性，MI_t 代表市场化进程指数，$\ln Tech_t$ 是由研发投入累积而成的科技资本存量（取对数），$Tran_t$ 表示基础设施，u_t 是随机扰动项，将市场化程度指数分离出来得到

$$A_t = e^{\rho MI_t} Ae^{(\delta \ln Tech_t + \theta Tran_t + u_t)} \tag{2.85}$$

$$Y_t = e^{\rho MI_t} Ae^{(\delta \ln Tech_t + \theta Tran_t + u_t)} K_t^\alpha L_t^\beta E_t^\gamma \tag{2.86}$$

$$Y_t = e^{\rho MI_t} Y_t^* \tag{2.87}$$

$Y_t^* = Ae^{(\delta \ln Tech_t + \theta Tran_t + u_t)} K_t^\alpha L_t^\beta E_t^\lambda$，由于不存在市场化程度为 0 的经济实体，因此 Y_t^* 本身不具有经济意义，这里只是为了方便比较市场化程度的变化。将式（2.87）引入费雪方程式并进行对数变换，得到市场化进程通过货币政策渠道对物价水平的影响函数：

$$\ln \frac{P}{M} = \ln V - \rho MI - \ln Y^* \tag{2.88}$$

从式（2.88）可以看出，由于 $\rho > 0$，因此当货币投放量 M、货币流通速度 V 及除市场化程度外其他生产要素不变的情况下，市场化程度的提高将会降低货币投放量 M 对物价水平的影响力。

Woodford（1996，2001）等学者通过理论推导提出了价格水平取决于政府债务与基本财政盈余现值的理论，即

$$P = \frac{B}{FS} = \frac{B}{T - G} \tag{2.89}$$

P 表示价格水平，B 表示政府债务，FS 表示政府盈余，为了简化分析，令 $FS = T - G$，T 为政府税收，G 为政府支出。我们将政府支出与生产水平之间的关系描述为

$$Y = C + I + G \tag{2.90}$$

将式（2.83）与式（2.90）代入式（2.89）得

$$P = \frac{B}{T + C + I - e^{\rho MI} Y^*} \tag{2.91}$$

当政府债务 B、政府税收 T、消费 C、投资 I 都没有发生变化时，随着市场化程度的提高，财政政策将会在更大程度上影响价格水平。通过将含有市场化程度的经济增长模型引入传统的货币财政政策分析框架，得到了市场化通过不同渠道影响物价水平的理论模型，然而这种影响在我国是否真实存在，还需要进一步的实证检验，本节将在第三部分详尽阐述实证思路及过程。

三、实证研究

（一）VAR 模型构建

考虑到我国在政策实践中并非使用单独的货币政策作为宏观调控手段，财政政策往往也是重要的调控工具，而财政政策也在一定程度上影响着物价水平（Woodford，1996），因此为了勾画出物价水平调控的完整系统，本节借鉴赵丽芬等（2006）构建的一个包含货币政策和财政政策的 VAR 模型框架来衡量财政货币政策对物价水平的影响，但传统 VAR 模型假定估计的系数是不变的，这也就意味着传统的 VAR 模型无法捕捉到样本期内系数的变化过程。我国自改革开放以来一直都是处于高速发展和渐进式改革实践中，不变系数的估计应用于我国实践时常出现各种系数与现实不符之谜（孙焱林等，2011），因此本节借鉴时变参数模型的思想，结合 VAR 模型方差分解可以给出对模型中变量产生影响的每个随机扰动的相对重要性信息的特点，对样本期内的数据采取时变模型方差分解[①]，以期捕捉我国在渐进式改革过程中财政货币政策调整对物价水平变动贡献度的变化轨迹。

VAR 模型形式如下：

$$X_t = c + \sum_{i=1}^{p} A_i X_{t-i} + \varepsilon_t \qquad (2.92)$$

其中，$X_t = \{GDP_t, P_t, M2_t, R_t, G_t\}$，$\varepsilon_t$ 是随机误差项。GDP_t 代表真实经济增长，P_t 代表物价水平，$M2_t$ 和 R_t 分别表示货币增长率和利率水平，作为衡量货币政策的指标。G_t 表示政府支出增长率，用来衡量财政政策。

[①] 即首先使用 1996Q1—2001Q1 数据为基期进行预测方差分解分析，再使用 1996Q1—2001Q2 数据进行预测方差分解分析，以次类推，得到关于方差分解结果的时间序列（杨子晖，2008）。

（二）数据来源及处理

GDP_t 为我国 GDP 真实增长率，用以刻画物价水平受经济增长变化的影响。衡量物价水平的主要指标有居民消费价格指数（CPI），生产者价格指数（PPI），商品零售价格指数（RPI）以及 GDP 平减指数等。但考虑到 GDP 平减指数受权重等指标影响，在实践中很少使用，而生产者价格指数和商品零售价格指数不如居民消费价格指数与居民生活关系密切，除此之外，宏观经济决策通常以 CPI 作为重要参考指标，因此本节采用 CPI 作为物价水平指标[①]。由于 CPI 数据只有月度频率，因此对季度内数据算术平均作为季度观测值。

参照赵丽芬等（2006）的做法，采用 M_2 增长率作为衡量货币政策的指标，同时考虑到价格型货币工具在实际操作中得到越来越多的重视，因此加入 7 天期银行间同业拆借加权利率作为衡量货币政策的一个补充变量（卞志村和孙俊，2012），采用与 CPI 一样的数据处理办法求得利率的季度观测值。

传统的财政政策衡量方法是使用政府赤字或者政府赤字占 GDP 比重等指标，政府赤字包含政府收入与政府支出两个方面，是测度财政政策较为全面的指标。但是由于本节采用居民消费价格指数（CPI）作为衡量物价水平变化的指标，而财政部办公厅课题组（2001）研究认为我国政府购买性支出与居民消费之间存在互补关系，胡永刚和郭新强（2012）研究发现中国居民消费与政府生产性支出表现出稳健的正相关关系，因此从居民消费价格和模型框架稳健性的角度，本节采取政府支出的增长率作为衡量财政政策的指标。以上数据的样本区间为1996 年第一季度至 2010 年第四季度。

市场化指数方面的研究较为繁杂，测度指标存在较大的差异（曾学文等，2008），多数学者给出的数据不能够满足研究需要（见表 2 - 5），为了选取全面系统的市场化指标，本节市场化指数摘自樊纲等编写的《中国市场化指数——各地区市场化相对进程 2011 年报告》，并按照樊纲等（2011）的方法，将各省数据算术平均求得全国市场化水平。由于"市场化指数是一个相对的而不是绝

[①] 常用通胀指标 $\pi = \dfrac{(CPI - 100)}{100} \times 100\%$，本节对原始数据进行了去百分号（×100）处理，而 $D\,(CPI) = D\,(CPI - 100) = D\,(100\pi)$，使用 CPI 和 π 进行方差分解的结果差异很小，因此从物价水平衡量的角度选择 CPI 进行分析。

对的表示各地区市场化水平的指标"，"同时也是反映各省沿时间顺序的市场化
程度变化，对它们的进步或退步做出评价"（樊纲等，2011），基于衡量我国市
场化相对水平变化而非精确描述市场化绝对水平的思想，同时也是为了得到更
全面的分析结果，本节首先使用灰色模型预测了 2010 年的市场化指数①，然后
使用线性函数最终值相匹配的方法将 1997—2010 年市场化指数的年度数据转化
为季度数据，以便观察各个季度市场化程度的变化情况，为了降低数据均值差
异对结果的影响，对市场化数据取对数处理。市场化指数原始数据区间为 1997
年至 2009 年，样本区间为 2001 年第一季度至 2010 年第四季度。除市场化指数
外，其他数据均源自中经网统计数据库。

表 2 - 5　　　　　　　　　市场化水平测度相关研究成果梳理

研究者	测度年份	测度结果（%）
卢中原、胡鞍钢	1979	24.91
	1992	62
江晓薇、宋红旭	1995	37
国家计委课题组	1995	65
顾海兵	1980	5
	1990	35
	1996	40
	1999	50
常修泽、高明华	1997	50
陈宗胜等	1997	60
李晓西	2001	69
	2002	72.8
	2003	73.8
	2004	73.3
	2005	78.3
	2006	77.7
徐明华	8 大类 31 个指标，对 9 个省份进行市场化排序	

---

① 灰色模型预测是基于灰色模型，利用系统信息，使抽象的模型量化，进而在缺乏系统性特性知识
的情况下预测系统输出。但是由于模型本身不足，在预测多期时误差较大，因此本节只预测滞后一期。

续表

研究者	测度年份	测度结果（％）
樊纲、王小鲁	5 个方面共 15 个指标对各省市场化程度排序	
王凤彬	13 项指标，测度企业内部市场化程度	
曾学文、施发启、赵少钦、董晓宇	33 个指标对全国市场化程度进行评分测度	

（三）时变性预测方差分解

对 VAR 模型进行方差分解分析，每个 VAR 模型的预测方差分解结果大致在第 10 期之后逐渐稳定，因此为了降低方差分解的不稳定性对分析结果产生的干扰，本节选取第 10 期的方差分解结果作为观测值，囿于 VAR 模型识别条件，观测值样本区间为 2001 年第一季度至 2010 年第四季度，对数据进行 HP 滤波处理，以便观察数据变动的趋势，并将市场化指数（MI）加入比较，如图 2－21 所示。

图 2－21 中，CPI＿CPI、GDP＿CPI、G＿CPI、M_2＿CPI 和 R＿CPI 分别表示 CPI、GDP 增长率、政府支出增长率、M_2 增长率和利率这些变量对 CPI 变化的贡献程度，MI 表示市场化程度指数。图 2－21 表明，CPI 指数存在较强的惯性特征，CPI 自身对波动的贡献率经常保持在 50％ 以上。然而，CPI＿CPI 与 GDP＿CPI 呈现反向变动关系，GDP 增长率冲击对 CPI 波动影响较大的年份，CPI 本身的惯性就会降低，而 GDP 增长冲击对 CPI 波动影响较小时，CPI 的惯性程度变大。值得注意的是，GDP＿CPI 出现了部分年份极高而部分年份极低的现象，这进一步证明了我国经济运行的时变特征。我国 2001 年底加入 WTO，2002 年后对外贸易激增，物价水平在一定程度上受到 "输入型通胀" 和国际游资的影响（朱险峰，2010），所以 2002 年后经济增长对 CPI 的影响力出现了大幅波动。无独有偶，G＿CPI 与 M_2＿CPI 之间也存在着类似的反向变动关系，在我国采取扩张性财政政策的年份，G＿CPI 的数值都较高，特别是在 2008 年推出 "4 万亿" 计划前后，G＿CPI 一直处于高位，而当政府支出增长变化对 CPI 影响较强时，货币增长变化对 CPI 波动的贡献相对就会变小，但与 CPI＿CPI 和 GDP＿CPI 不同的是，两者同时具有上升的趋势，而市场化指数也有着相似的上升趋势，这种上升趋势之间是否存在着相关性，本节将在后面的讨论中重点论证。CPI 波动受利率的影响较弱，大部分都在 10％ 以内，主要是由于我国利率形成

机制不够完善、利率市场化程度不高、市场反应不灵敏所致，利率影响预期进而调控经济的机制在我国还不够成熟（卞志村，2006），因而 CPI 对利率的反应并不明显。

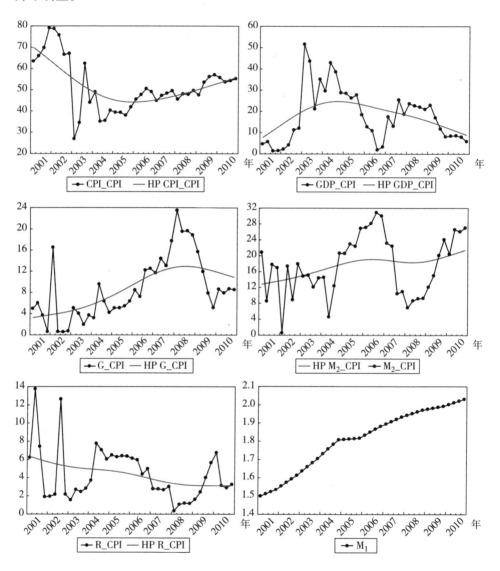

图 2-21　时变性预测方差分解结果

（四）平稳性检验

在研究市场化程度与财政货币政策对物价水平调控效果之间的关系之前，

本节先对得到的时间序列进行平稳性检验，以方便选择合适的计量模型，方差分解的所有数据取对数处理，平稳性检验结果如表2－6所示。经过 ADF 检验分析，CPI_CPI 以及 GDP_CPI 数据并不平稳，使用 VAR 模型或者最小二乘回归都有可能出现"伪回归"的情况，而对变量进行差分处理又会破坏数据的经济意义，因此本节使用 ARDL 模型对变量之间的关系进行估计。

表2－6　　　　　　　　　　　　　　平稳性检验结果

变量名称	检验方法	检验形式	T 统计量	P 值	结果
CPI_CPI_t	ADF 检验	(c, 0, 0)	−2.412	0.146	不平稳
$D(CPI\_CPI_t)$	ADF 检验	(c, 0, 0)	−2.809	0.068	平稳
GDP_CPI_t	ADF 检验	(c, 0, 0)	−2.141	0.231	不平稳
$D(GDP\_CPI_t)$	ADF 检验	(c, 0, 0)	−6.134	0.000	平稳
G_CPI_t	ADF 检验	(c, 0, 0)	−2.763	0.074	平稳
$M_2\_CPI_t$	ADF 检验	(c, 0, 0)	−4.854	0.001	平稳
R_CPI_t	ADF 检验	(c, 0, 0)	−3.257	0.024	平稳
MI_t	ADF 检验	(c, 0, 0)	−2.837	0.063	平稳

（五）ARDL 模型估计

ARDL（Autoregressive Distributed Lag）模型称为自回归分布滞后模型，由 David F. Hendry（1995）率先提出，其优点在于不管变量是否同为 I（0）过程或者同为 I（1）过程，都可以用来检验变量之间的长期关系，而这是标准的协整检验所做不到的。一个典型的 ARDL（$p, q_1, q_2, \cdots, q_k$）模型结构如下：

$$\phi(L, p)y_t = \sum_{i=1}^{k} \beta_i(L, q_i)x_{it} + \delta\omega_t + u_t \qquad (2.93)$$

其中，

$$\phi(L, p) = 1 - \phi_1 L - \phi_2 L^2 - \cdots - \phi_p L^p \qquad (2.94)$$

$$\beta_i(L, q_i) = 1 - \beta_{i1}L - \beta_{i2}L^2 - \cdots - \beta_{iqi}L^{qi} \qquad (2.95)$$

p 表示 y_t 的滞后阶数，q_i 表示第 i 个自变量 x_{it} 滞后的阶数，$i = 1$，2，$\cdots$，k。L 是滞后算子（lag operator），$Ly_t = y_{t-1}$，ω_t 是 s 行 1 列的确定向量，在 ARDL 模型中，首先使用普通最小二乘法估计所有可能的值：$p = 0, 1, 2, \cdots, m$；$q_i = 0, 1, 2, \cdots, m; i = 1, 2, \cdots, k$。一共有 $(m+1)^{k+1}$ 个不同的 ARDL 模型。

结合式（2.93）将模型设定如表 2 – 7 所示。

表 2 – 7 模型设定

	y_t	x_{it}
模型 I	G_CPI_t	$CPI\_CPI_t, GDP\_CPI_t, M2\_CPI_t, R\_CPI_t, MI_t$
模型 II	$M_2\_CPI_t$	$CPI\_CPI_t, GDP\_CPI_t, G\_CPI_t, R\_CPI_t, MI_t$
模型 III	R_CPI_t	$CPI\_CPI_t, GDP\_CPI_t, G\_CPI_t, M2\_CPI_t, MI_t$

模型 I 用以估计政府支出增长率对 CPI 变化的贡献度（G _ CPI）受到市场化程度（MI）的影响，模型 II 和模型 III 用以估计货币政策对 CPI 变化的贡献度（M_2 _ CPI、R _ CPI）受到市场化程度（MI）的影响，由于 y_t 本身也受 VAR 系统内方差分解变化的影响，故在 x_{it} 中加入 CPI_CPI_t，GDP_CPI_t 等变量使模型更加完整。由于本节采用季度数据，因此最大滞后阶选择 4 期。

在估计 ARDL 模型之前，需要先检验模型中变量是否存在长期关系。本书使用 microfit4.1 软件进行检验，检验结果见表 2 – 8。

表 2 – 8 变量间长期关系检验结果

原假设	LM 统计量	LR 统计量	F 统计量	检验结果
模型 I 中变量不存在长期关系	32.242 [0.000]	88.933 [0.000]	7.796 [0.033]	拒绝
模型 II 中变量不存在长期关系	29.966 [0.000]	67.866 [0.000]	3.968 [0.102]	拒绝
模型 III 中变量不存在长期关系	23.416 [0.001]	38.693 [0.000]	1.347 [0.403]	接受

长期关系检验结果在 5% 的水平下拒绝了模型 I 中变量不存在长期关系的原假设，即政府支出增长对 CPI 变动的贡献度确实与市场化程度之间存在着长期关系；考虑到市场化的指数测度存在较大差异，而且货币供应量作为中介目标的有效性也在不断降低，因此选择在 10% 的水平拒绝原假设，即认为货币增长量对 CPI 变动的贡献度与市场化程度之间也存在着长期关系；而利率对 CPI 变动的贡献度与市场化程度之间并不存在长期关系。在明确变量之间长期关系后，使用 ARDL 模型估计模型 I 和模型 II 的模型形式及相关变量系数，结果见表 2 – 9 和表 2 – 10。

表 2-9 为模型形式及长期系数估计结果，模型 I 的估计结果显示，G_CPI 与 CPI_CPI、GDP_CPI、M_2_CPI 及 R_CPI 皆呈反方向变动关系，但 GDP_CPI、M_2_CPI 及 R_CPI 的系数绝对值要小于 CPI_CPI 的系数绝对值（3.576），表明我国 CPI 变动依然具有很强烈的惯性特征，而这种惯性特征会削弱财政政策对物价水平的调控能力，而且对财政政策的削弱效果明显高于货币政策（2.888）；MI 的系数为 5.116，且在 1% 内的水平上显著，表明了当市场化水平提高时，通过政府支出增长调控 CPI 的效果将会显著增强，其中一个可能原因是伴随着市场化程度的提高，各行各业对政府支出的敏感性增强，使得政府支出调控物价水平这一机制的渠道越来越畅通。模型 II 的系数估计结果与模型 I 相类似，CPI_CPI、GDP_CPI、G_CPI 和 R_CPI 的系数全为负，CPI_CPI 的系数绝对值（2.888）也较大，反映了相似的问题：通胀惯性不仅影响着财政政策调控 CPI 的能力，同时也影响着货币政策调控 CPI 的能力，这使得我国货币政策的滞后效应非常明显，通货膨胀对政策变化的反应速度缓慢。但值得一提的是，不管是模型 I 还是模型 II，市场化指数的反应系数均高于 CPI 惯性的系数，这也就表明了，市场化程度的提高可以从一定程度上抵消通胀惯性对宏观调控的负面影响，进而提高财政货币政策的调控效果。模型 II 中市场化指数的系数为正，表明市场化程度与货币增长变动对 CPI 变动贡献度之间存在正相关关系，市场化程度的提高将会在一定程度上改善货币政策的调控效果。不过模型 II 市场化指数的系数值为 4.857，低于模型 I 中市场化指数的系数 5.116，这表明财政政策的物价水平调控效果对市场化进程的反应程度要略高于货币政策调控效果对市场化进程的反应。

表 2-9　　　　　　　　　　　模型形式及长期系数估计结果

模型	模型 I	模型 II
准则	AIC 准则	
模型形式	ARDL (3, 2, 2, 2, 4, 1)	ARDL (4, 4, 4, 4, 4, 2)
变量	G_CPI	M_2_CPI
CPI_CPI	-3.576 *** (-16.736) [0.000]	-2.888 *** (-5.883) [0.000]

续表

模型	模型 I	模型 II
GDP_CPI	-0.676 *** (-14.540) [0.000]	-0.659 *** (-8.457) [0.000]
G_CPI	—	-0.853 *** (-7.758) [0.000]
M_2_CPI	-0.799 *** (-12.786) [0.000]	—
R_CPI	-0.423 *** (-7.346) [0.000]	-0.210 * (-2.005) [0.080]
MI	5.116 *** (19.309) [0.000]	4.857 *** (10.279) [0.000]
INPT	10.648 *** (8.681) [0.000]	8.419 *** (4.413) [0.002]

注：*、**、***分别表示在10%、5%、1%显著性水平上显著。

表2-10的误差修正估计结果显示模型 I 和模型 II 的误差修正项系数分别为 -1.94 和 -2.122，同时 R^2 分别为 0.99 和 0.996，F 统计量也通过了检验，表明模型估计结果有效且拟合效果也较为理想。在短期波动中，通胀惯性对宏观政策调控能力的干扰有所下降，分别为 -2.321 和 -0.813，可见货币政策的调控能力在短期内受到通胀惯性的影响相对较小，但政府支出增长的调控能力在短期内对市场化程度变化的反应系数（17.448）远高于货币增长调控能力的反应系数（4.696），表明了不管是在长期或者短期，现阶段市场化程度的提高都将增强财政政策对物价水平的调控能力。不过当发生偏离时，货币政策回归长期均衡的调整速度（2.122）要高于财政政策（1.94），因而当发生诸如金融危机之类的意外情况时，货币政策对物价水平的调控能力具有更强的灵活性。

表 2 – 10 　　　　　　　　　　　　误差修正估计结果①

模型 I				模型 II			
DG _ CPI				DM$_2$ _ CPI			
DCPI _ CPI	− 2. 321 *** (− 9. 613) [0. 000]	DG _ CPI3	—	DCPI _ CPI	− 0. 813 (− 1. 737) [0. 106]	DG _ CPI3	0. 309 * (1. 816) [0. 093]
DCPI _ CPI1	3. 383 *** (3. 826) [0. 001]	DM$_2$ _ CPI	− 1. 128 *** (− 8. 774) [0. 000]	DCPI _ CPI1	4. 532 *** (5. 057) [0. 000]	DM$_2$ _ CPI	—
DCPI _ CPI2	0. 896 *** (4. 027) [0. 001]	DM$_2$ _ CPI1	0. 476 ** (2. 105) [0. 048]	DCPI _ CPI2	1. 858 ** (2. 909) [0. 012]	DM$_2$ _ CPI1	1. 141 *** (4. 316) [0. 001]
DCPI _ CPI3	—	DM$_2$ _ CPI2	—	DCPI _ CPI3	0. 617 (1. 668) [0. 119]	DM$_2$ _ CPI2	0. 399 * (1. 911) [0. 078]
DGDP _ CPI	− 0. 655 *** (− 7. 384) [0. 000]	DM$_2$ _ CPI3	—	DGDP _ CPI	− 0. 453 *** (− 5. 509) [0. 000]	DM$_2$ _ CPI3	0. 321 * (2. 047) [0. 061]
DGDP _ CPI1	0. 605 *** (3. 616) [0. 002]	DR _ CPI	− 0. 092 (− 1. 153) [0. 262]	DGDP _ CPI1	0. 900 *** (5. 440) [0. 000]	DR _ CPI	0. 178 (1. 611) [0. 131]
DGDP _ CPI2	—	DR _ CPI1	0. 509 *** (4. 285) [0. 000]	DGDP _ CPI2	0. 197 (1. 661) [0. 121]	DR _ CPI1	0. 433 ** (2. 977) [0. 011]
DGDP _ CPI3	—	DR _ CPI2	0. 379 *** (4. 679) [0. 000]	DGDP _ CPI3	0. 133 (1. 528) [0. 151]	DR _ CPI2	0. 394 *** (4. 191) [0. 001]

① DCPI _ CPI = CPI _ CPI − CPI _ CPI (− 1)；DCPI _ CPI1 = CPI _ CPI (− 1) − CPI _ CPI (− 2)，以此类推。ecm (− 1) 表示误差修正项。* 、 * * 、 * * * 分别表示在10% 、5% 、1% 显著性水平上显著。

续表

	模型 I				模型 II		
	DG_CPI				DM_2_CPI		
DG_CPI	—	DR_CPI3	0.150 ** (2.838) [0.010]	DG_CPI	− 0.472 *** (− 3.439) [0.004]	DR_CPI3	0.206 ** (2.524) [0.025]
DG_CPI1	0.821 ** (2.821) [0.010]	DMI	17.448 * (1.957) [0.064]	DG_CPI1	1.400 *** (5.453) [0.000]	DMI	4.696 (0.454) [0.658]
DG_CPI2	—	DMI1	—	DG_CPI2	0.392 (1.873) [0.084]	DMI1	8.651 (1.075) [0.302]
DINPT	20.652 *** (6.173) [0.000]			DINPT	17.865 *** (4.292) [0.001]		
ecm (−1)	− 1.940 *** (−5.747) [0.000]			ecm(−1)	− 2.122 *** (−6.023) [0.000]		
R²	0.990				0.996		
F 统计量	116.285 [0.000]				101.211 [0.000]		
DW 统计量	2.271				2.605		

四、稳健性分析

由于不同角度测度的市场化指数差异很大，而市场化指数的差异可能会影响实证结果，因此从结论的稳健性角度考虑，选用曾学文等（2010）测度的市场化指数（MI*）作为工具变量进行稳健性分析。曾学文等（2010）测度的市场化指数区间为1978年至2008年，为了与前文数据区间一致，选择1997年至2008年市场化指数，对缺失数据按照前文市场化指数变化程度进行推算，得到1997年至2008年数据，并采取与前文相同的数据处理方法。估计结果见表2－11。

90

表 2 - 11 稳健性分析估计结果

模型	模型 I *	模型 II *
准则	AIC 准则	
模型形式	ARDL (3, 3, 3, 3, 1, 4)	ARDL (4, 2, 3, 2, 0, 4)
变量	G _ CPI	M$_2$ _ CPI
CPI _ CPI	- 3.547 *** (- 6.503) [0.000]	- 3.126 *** (- 17.936) [0.000]
GDP _ CPI	- 0.376 *** (- 6.580) [0.000]	- 0.3881 *** (- 12.532) [0.000]
G _ CPI	—	- 0.898 *** (- 22.467) [0.000]
M$_2$ _ CPI	- 0.893 *** (- 8.158) [0.000]	—
R _ CPI	- 0.003 (- 0.064) [0.950]	- 0.078 *** (3.205) [0.006]
MI *	9.966 *** (22.452) [0.000]	9.578 *** (28.060) [0.000]
INPT	- 23.291 *** (- 10.535) [0.000]	- 23.286 *** (- 15.500) [0.000]

注：*、＊＊、＊＊＊分别表示在 10%、5%、1% 显著性水平上显著。

表 2 - 11 的稳健性分析的结果表明，市场化指数会对模型形式和系数估计结果产生一定的影响，但是主要结论的系数符号并没有产生根本性的变化。模型 I * 和模型 II * 的 CPI 惯性系数分别为 - 3.547 和 - 3.126，表明不管是采取哪种市场化指数，通胀惯性都对宏观调控政策产生较强的负面影响。稳健性估计

结果中的 MI* 的系数分别为 9.966 和 9.578，表明了市场化程度越深，调控效果对市场化的反应系数越明显，这与前文表 2 - 9 的估计结果得出的结论相同。同时，市场化指数的反应系数大于 CPI 惯性系数的绝对值，因此市场化水平的提高确实可以在一定程度上降低通胀惯性对宏观调控的负面效果。而模型 I* 市场化指数的估计系数（9.966）依然高于模型 II* 市场化指数的估计系数（9.578），说明市场化对财政政策的物价调控影响效果大于对货币政策的效果。与此同时，R_CPI 的系数均出现了下降，且模型 I* 中极不显著，说明我国利率调控政策效果确实具有一定的不稳定性。

五、结论与启示

本节选用我国 2001 年至 2010 年的季度数据，通过时变参数模型，并结合 VAR 模型方差分解方法，实证检验市场化程度影响我国财政货币政策调控物价的效果。主要结论如下：（1）我国存在较高的通胀惯性，这种通胀惯性不仅会降低货币政策的调控效果也会降低财政政策的调控效果。治理过高的通货膨胀惯性一直是我国物价水平调控的重要任务，1980—2007 年我国通胀率的惯性系数一直都保持在 0.8 的高位水平，严重影响财政货币政策的实施效果；（2）市场化进程对我国财政货币政策物价调控效果产生显著影响，随着市场化水平的提高，货币财政政策调控物价水平的能力在显著增长，而这在一定程度上也能抵消通胀惯性的效果。（3）从市场化进程影响财政货币政策物价调控效果的比较分析来看，市场化进程对财政政策物价调控效果的影响强于对货币政策物价调控效果的影响。

伴随我国渐进式改革实践的不断深入，宏观调控政策将越发重要。我国决策层在今后的政策制定过程中应考虑到市场化因素带来的影响，需要根据不同的市场化程度，对各政策目标实施相应的财政货币政策工具，以提高宏观调控政策的有效性。

第六节　结论

本章对财政货币政策对物价影响的经典理论进行了回顾，并依据我国现实经济运行数据对财政货币政策对物价的影响方式、最优货币规则选择、市场化进程对政策效果的影响等问题进行了实证检验。结果表明：

第一，财政赤字和相机抉择的货币投放会显著地推高我国物价水平。这一方面对 FTPL 在我国的适用性提供了经验性证据，另一方面启示货币当局应"按规行事"，遵照货币政策规则操作货币政策工具，以降低对物价水平的影响。

第二，货币政策"按规行事"优于"相机抉择"，但最优的货币政策规则并不能一概而论。对于政府非生产性财政支出冲击，数量型规则的平抑效果更佳；而对于政府生产性财政支出冲击，价格型规则具有比较优势。

第三，财政货币政策的实施效果会受到社会经济环境，特别是市场化程度的影响。随着市场化程度的加深，财政货币政策的作用效果会得到提升，且市场化进程对财政政策的影响要大于其对货币政策的影响。

除市场化程度等社会经济环境因素之外，财政货币政策的搭配体制也会影响到政策的传导渠道和作用效果。例如，在非李嘉图制度下，财政政策即使没有货币当局的配合，也可以直接影响到稳态价格水平；而在李嘉图制度下，财政政策对物价的影响必须要有货币当局的配合。那么我国究竟属于哪一种体制？下一章中将对这一问题进行研究探讨。

第三章

李嘉图抑或非李嘉图：中国财政货币政策制度识别

第一节　引言

　　改革开放以来，渐进式的改革促成了中国经济在转型期的平稳发展，但在经济高速增长的背景下，一些体制性问题被掩盖，结构性问题长期积累。进入"新常态"以来，经济增速放缓日益显现，依靠政策手段提振经济势在必行。从当前后金融危机时代的政策态势看，货币宽松边际效用递减，我国刺激政策有从货币宽松向财政宽松转向的趋势。2015 年全年，国家发改委批复的 11 大类重大工程累计完成投资 5.2 万亿元，规模已超过 2009 年的"四万亿"刺激计划，占全年全国固定资产投资比重高达 9%；中央经济工作会议提出"三去一降一补"的供给侧改革意见，配套财政投入进一步加码财政宽松；2016 年政府工作报告奠定了赤字财政的主基调，提出进一步推进"营改增"，减税 5 000 亿元，拟安排财政赤字同比增加 5 600 亿元，赤字率提升至 3%；地方债发行工作开始早于往年，规模预计大幅增至 5 万亿元；振兴东北三年滚动实施方案 8 月底出台，首批投资达 1.6 万亿元。与此同时，从价量指标上看，货币政策立场保持了相对稳健：央行回购利率和银行间同业拆借利率均保持稳定，M_2 同比增速与上年基本持平。

在财政扩张、货币稳健的背景下，房地产价格悄然升温，猪肉价格大幅上涨，通胀压力初露端倪，这再一次引发了我国物价水平是否由财政政策决定的争论。物价水平的财政决定理论（FTPL）认为，财政当局能否决定价格水平，取决于财政货币政策的制度属性（policy property）（Woodford，1996）[1]，即政府是否会在无限期届中维持对实际债务的偿付能力（Walsh，2010）[2]。财政政策若具有李嘉图制度属性，则价格水平由货币因素决定（但货币政策仍可能从属于财政政策，即弱式 FTPL）；反之，若具有非李嘉图制度属性，则即使没有货币政策的配合，财政扩张也可以直接作用于价格水平、进而引发通胀。在李嘉图制度下，财政当局拥有更大的政策空间，自主施行需求管理政策时可免受通胀的掣肘；而在非李嘉图制度下，政策制定则需统筹兼顾，考量社会公众对通胀的承受力，在"经济增长"和"物价稳定"之间作出权衡。

我国财政政策的制度属性目前尚无定论。从法理上看，维持价格稳定的政策目标写入《中国人民银行法》，财政政策不承担控物价的任务；但从现实经济运行看，M_2 增速与 CPI 出现过多次背离，产生了困扰中外学者的"中国价格之谜"。厘清当前我国财政货币政策的制度属性，有助于辨别通胀成因，为调控经济运行争取政策空间，为政策目标指派和政策搭配选择奠定理论前提。为此，我们在梳理 FTPL 相关研究成果的基础上，构建两变量 VAR 模型、三变量 VAR 模型、四变量 TVP – VAR – SV 模型和两变量 SVAR 模型，在政策搭配视角和局部制度模拟视角下对我国财政政策的制度属性进行识别，并给出相应的政策建议。本章结构安排如下：第二节为文献回顾，对财政政策制度属性的概念、识别标准和前人实证结果进行系统梳理；第三节为基于政策操作视角的制度属性

---

① Woodford M. Control of the Public Debt：A Requirement for Price Stability？［R］. NBER Working Papers，No. 5684 ，1996.

② Carl E. Walsh. Monetary theory and policy（Third Edition）［M］. Cambridge：The MIT Press，2010：166.

识别；第四节为基于局部制度模拟视角的制度属性识别和稳健性检验；第五节作出总结，并给出政策建议。

第二节　关于识别标准的文献回顾

传统观点认为，货币存量是价格的唯一决定因素（Friedman & Schwartz，1963），财政政策只是被动地调节政府基本盈余，以保证在任何价格水平下的偿债能力（Sargent，1982）。这一分析隐含地基于一个假设，对于任意价格水平 P_{t+i}，都存在一条政策路径 $\{g_{t+i}, \tau_{t+i}, s_{t+i}, d_{t+i}\}$[①] 来保证对未来债务的偿付能力[②]，这种情形就是 Woodford（1995）所称的李嘉图制度（以下简称 R 制度），此时财政政策不足以决定价格水平。20 世纪 90 年代以来，Leeper（1991）、Sims（1994）、Woodford（1995，1996）和 Cochrane（1998）等人提出物价水平的财政决定理论（FTPL），提出了不同的假设：若货币当局独立，财政当局自由选择政府基本盈余，而不顾债务余额，则物价水平需要作出调整，以维持政府预算现值约束（PVBC）。这一情形即称为非李嘉图制度（以下简称 NR 制度）。这两种制度最主要的区别在于，李嘉图制下，物价水平由货币政策决定，PVBC 是财政当局必须满足的约束条件；非李嘉图制下，货币政策外生给定、财政当局自主行事，PVBC 成为了决定价格水平的均衡条件。在后者的情形下，一个设计良好的货币政策规则也不足以维持物价稳定，财政政策成为了价格水平的决定力量。

判断价格水平的决定因素，实质上就是对财政政策的制度属性进行识别。从 PVBC 约束视角出发，Bohn（1998）和 Canzoneri 等（2001）（下称 C. C. D）等人提出了对两种制度的识别条件。Bohn（1998）认为，在李嘉图制度下上一期负债的增加会引致当期基本盈余的增加，即 $\Delta w_{t-1} \rightarrow \Delta s_t$，若政府的行为模式满足这一反馈规则，即可认为财政政策具有李嘉图制度属性。但是 Cochrane

---

① $g_{t+i}, \tau_{t+i}, s_{t+i}, d_{t+i}$ 分别为未来各期的实际财政支出、实际直接税、实际铸币税和政府实际债务余额。

② 即 $\lim_{T \to \infty} \lambda_{t, t+T} d_T = 0$，其中 $\lambda_{t, t+T}$ 为从 t 期到 $t+T$ 期的折现率，d_T 为第 T 期的政府实际债务余额。

（1998）指出，该反馈规则不足以判定财政政策属于李嘉图制度，因为无论在哪一制度下，稳态时 PVBC 始终成立，这使得我们无法从实际观测到的数据中得到可行的识别信息。上述反馈规则在李嘉图制度下可以看作是基本盈余根据债务被动地调整，而在非李嘉图制度下可以是政府债务对当前和预期的未来盈余作出反应。针对这一缺陷，C. C. D（2001）提出了基于 VAR 方法的识别条件：在李嘉图制度下当期基础盈余的增加会导致未来负债水平的减少，即 $\Delta s_t \rightarrow -\Delta w_{t+1}$。

方红生（2008）认为，基于局部制度模拟视角的识别标准更具可行性。这一研究视角下最具代表性的识别标准为 Woodford（1996）、Kim（2003）和 Sala（2004）的工作。其基本思想是，通过构建 DSGE 模型，考察不同政策制度下经济体对特定冲击的响应方式的差异，并以此作为识别条件。这一方法的核心不是直接基于政策规则进行估计，而是比较来自不同政策规则搭配下的理论脉冲（由 DSGE 模型进行制度模拟得到）与来自 VAR 或 SVAR 的现实脉冲，间接识别政策类型。Sala（2004）[1] 通过构建基于新古典主义的动态一般均衡模型得出，若一单位负向税收冲击下实际利率出现显著正向响应，则经济体属于 R 制度；若实际利率响应方向为负，则经济体属于 NR 制度。这一结果与 Woodford（1996）相一致。方红生和朱保华（2008）在运用这一标准检验我国所属制度属性时，为避免在 VAR 系统中引入负向冲击的问题，对冲击源和识别标准同时取负号，认为正向税收冲击下实际利率出现正向响应，即可说明我国财政政策具有非李嘉图属性[2]。Kim（2003）考察了政府支出冲击、利率冲击、总供给与总需求冲击下各内生变量在两种制度下的反应方式差异，得到以下识别条件：在政府支出正向冲击下，实际利率在 R 制度下上升，在 NR 制度下下降；消费在 R 制度下下降，在 NR 制度下上升；在利率正向冲击下，通胀水平和总产出在 R 制度下下降，在 NR 制度下上升；在总供给和总需求冲击下，通胀水平在 R 制度下无翻转现象，在 NR 制度下有翻转现象。上述标准中的通胀翻转现象最具辨识

---

① Sala（2004）的工作同时讨论了 C. C. D（2001）提出的识别条件。基于 DSGE 模型的制度模拟显示，在 R 与 NR 制度下财政扩张都会导致实际债务水平上升，说明这一条件不足以作为可信的识别标准。

② Sala（2004）隐含地认同这一标准，且更为宽松，只要冲击下短期内（例如一年内）响应为正，即足以判定政策为 NR 制度，FTPL 成立；若始终为负或不显著异于 0，则为 R 制度。

性，普遍被用作实证检验的识别条件。方红生（2008）在综合分析以上两篇文章提出的识别标准后提出，在财政基本盈余正向冲击下，利率在 R 制度下下降，在 NR 制度下上升。

依据以上各类标准，众多学者对我国财政政策的制度属性进行了实证检验。万晓莉和傅雄广（2008）、荣幸子和蔡宏宇（2015）以及毛泽盛等（2013）等人依据 C. C. D 的标准判定我国属于 R 制度，但储德银和刘宏志（2013）运用相同的标准却得出了相反的结论，认为我国在样本年份内为 NR 制度，FTPL 理论具有合意性。张志栋和靳玉英（2011）认为，我国财政政策的制度属性历史上可能发生过改变，因而利用马尔科夫区制转移方法划分了二者的作用区制，并依据 C. C. D 方法对两区制进行识别，证实 1980—1996 年我国为 R 制度，而1997 年后为 NR 制度。依据局部制度模拟的识别标准对我国进行实证检验的文献相对较少。方红生和朱保华（2008）根据 Sala（2004）和 Kim（2003）的标准对我国政策属性进行识别，认为我国属于 NR 制度。刘斌（2009）则独立构建了 DSGE 模型，其对政策参数的估计同样倾向于支持我国属于 NR 制度。

表 3 – 1　　　　　　　　　　局部制度模拟识别条件

研究者	脉冲反应	R	NR
Sala（2004）	$T^+ \to r$	下降	上升
Kim（2003）	$G^+ \to r$	上升	下降
	$G^+ \to C$	下降	上升
		下降	上升
	$r^+ \to \pi, YAS^+, AD^+ \to \pi$	无翻转	有翻转
方红生（2008）	$S^+ \to r$	下降或不变	上升

前人研究大多基于 C. C. D 的政策搭配视角，而这类识别标准近年来受到诸多质疑；另外，鲜有文献在检验制度属性时考察财政政策的动态变动特性，这与我国不断推进制度创新的改革实践不相符合。为此，本节通过引入时变参数，在局部制度模拟视角下实证检验我国财政政策是否具有非李嘉图制度属性。

第三节　基于政策操作视角的制度属性识别

在本节中，我们采用 C. C. D（2001）提出的方法建立一个两变量 VAR 模型，根据脉冲响应函数的结果分析我国财政政策属于李嘉图还是非李嘉图制度。经推导，政府债务变动路径可表示为如下简化形式：

$$w_t = s_t + \alpha_t w_{t+1} \tag{3.1}$$

其中，w_t 是政府总债务 $M_t + B_t$ 占 GDP 的比例，s_t 是政府盈余占 GDP 的比例，α_t 表示贴现因子。将上式向前迭代可得到如下方程式：

$$w_t = s_t + E_t \sum_{j=t+1}^{+\infty} (\prod_{k=t}^{j-1} \alpha_k) s_j \tag{3.2}$$

在李嘉图制度下，式（3.2）要求在任何价格路径下都成立，价格是由货币市场出清决定的，因此对于任何水平的名义收入和贴现因子，政府盈余都是由式（3.2）内生决定的。而在非李嘉图制度下，式（3.2）只是一个均衡条件，并不要求在任何条件下都满足，政府盈余占 GDP 的比例与当期政府债务没有关系，政府盈余完全是由外生决定的，因此在均衡条件下，贴现因子和 w_t 必须使式（3.2）成立。从上述我们知道 $w_t = \dfrac{M_t + B_t}{P_t y_t}$，名义债务 $M_t + B_t$ 在 t 期初是固定的，因此 w_t 的调整只能通过名义收入的变化来进行，所以式（3.2）的成立是通过贴现因子和名义收入的变化来满足的。

一、盈余—负债两变量 VAR 模型

由于我国在 20 世纪 80 年代初期对价格管制比较严格，本节选取 1985—2010 年的数据进行实证分析，政府总债务等于我国历年国债余额与基础货币 M_0 之和，政府盈余等于政府财政收入减去财政支出。我们用 w_t 表示政府总债务占 GDP 的比值，s_t 表示政府盈余占 GDP 的比值。图 3-1 是我国历年债务与盈余变化情况，从图中可以看出，我国历年总债务占 GDP 的比值波动较大，盈余占 GDP 的比值与总债务占 GDP 的比值变化在多数年份呈现出相反的趋势。

在本部分我们首先建立一个 VAR 模型：

$$\begin{bmatrix} s_t \\ w_t \end{bmatrix} = \text{const} + \sum_{i=1}^{p} \begin{bmatrix} B_{11}(i) & B_{12}(i) \\ B_{21}(i) & B_{22}(i) \end{bmatrix} \begin{bmatrix} s_{t-i} \\ w_{t-i} \end{bmatrix} + \begin{bmatrix} \mu_{1t} \\ \mu_{2t} \end{bmatrix} \tag{3.3}$$

根据 AIC、SC 准则，我们选择包含常数项、滞后期数为 2 的 VAR 模型，模型估计结果如表 3-2 所示。

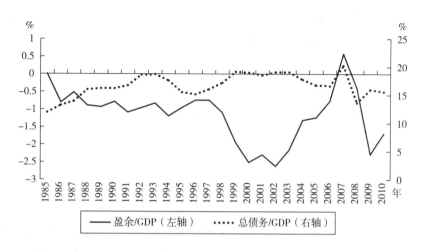

图 3-1　政府盈余与负债

表 3-2　　　　　　　　　　　　　模型估计结果

	s_t	w_t
s_{t-1}	0.82	-0.79
	(0.19)	(0.54)
s_{t-2}	-0.55	-0.24
	(0.24)	(0.68)
w_{t-1}	-0.05	0.16
	(0.08)	(0.24)
w_{t-2}	-0.13	0.09
	(0.06)	(0.18)
Constant	2.23	11.52
	(1.36)	(3.86)
Adj. R - squared	0.49	0.21
AIC	1.8	3.89
SC	2.05	4.13
System Residual Correlation	0.71	
Log likelihood	-58.31	
AIC	5.69	
SC	6.18	

考察这两个变量在不同顺序下的脉冲响应函数，具体结果如图 3-2 所示。

在图中第一列是基于 s_t 在前、w_t 在后的脉冲响应，第二列的顺序正好相反。从下图第一列可以看出，给定 s_t 一个正向冲击，w_t 在前 4 期内都为负，从第 5 期开始逐渐趋向于 0；s 在 $t+1$ 期的反应是正向的，虽然在第 3 期到第 5 期反应变为负，但是第 5 期之后又重新变为正。这一响应模式表明，我国财政政策在 1985—2010 年偏向于李嘉图制度。

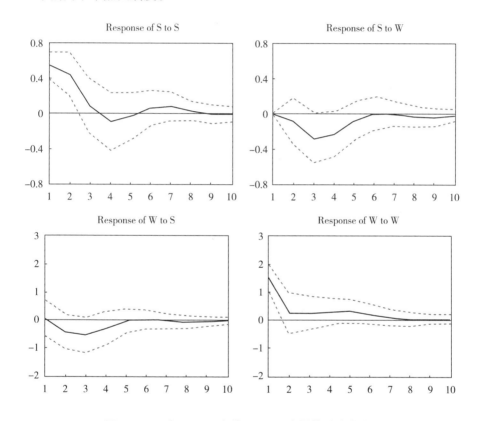

图 3 - 2　盈余/GDP、负债/GDP 两变量模型脉冲响应

二、周期性盈余—结构性盈余—负债三变量 VAR 模型

本节第一部分中我们采用 C. C. D（2001）提出的两变量 VAR 模型对我国财政政策进行了检验，实证结果偏向于支持李嘉图制度。Cochrane（1998）指出政府基本盈余可以分为周期性盈余和结构性盈余，而且结构性盈余的持续性比周期性盈余强。如果一国正处于经济衰退的环境中，当基本盈余中周期性盈余减

少，政府当局通常会增加结构性盈余，不过结构性盈余的增加不足以弥补周期性盈余的下降，也就是说基本盈余仍然是下降的。但是由于结构性盈余持续性比周期性盈余强，这两者未来现值之和会增加，那么下期实际债务也会增加。因此在周期性盈余和结构性盈余存在的情况下，我们也可以认为在非李嘉图制度下给定当期基本盈余一个正向冲击，下期债务会下降。

在本节的分析中，我们引入结构数据将政府基本盈余分为结构性和周期性两部分。a_t 表示周期性盈余，z_t 表示结构性盈余，同时假定结构性盈余持续性强于周期性盈余。

$$s_t = z_t + a_t \tag{3.4}$$

$$z_t = \eta_z z_{t-1} + \varepsilon_{zt} \tag{3.5}$$

$$a_t = \eta_a a_{t-1} + \varepsilon_{at} \tag{3.6}$$

将政府盈余分为两部分之后，国家债务 w_t 可表述为

$$w_t = E_t \sum_{j=1}^{\infty} \beta^j s_{t+j} = \frac{\beta\eta_a}{1-\beta\eta_a} a_t + \frac{\beta\eta_z}{1-\beta\eta_z} z_t \tag{3.7}$$

设向量 $Y_t = \begin{bmatrix} s_t \\ w_t \end{bmatrix}$，$X_t = \begin{bmatrix} a_t \\ z_t \end{bmatrix}$，VAR 模型可表示为

$$Y_t = MAM^{-1}Y_{t-1} + \mu_t \tag{3.8}$$

$$X_t = AX_{t-1} + \varepsilon_t \tag{3.9}$$

$$Y_t = MX_t \tag{3.10}$$

其中，$A = \begin{bmatrix} \eta_a & 0 \\ 0 & \eta_z \end{bmatrix}$，$\varepsilon_t = \begin{bmatrix} \varepsilon_{at} \\ \varepsilon_{zt} \end{bmatrix}$，$M = \begin{bmatrix} 1 & 1 \\ \frac{\beta\eta_a}{1-\beta\eta_a} & \frac{\beta\eta_z}{1-\beta\eta_z} \end{bmatrix}$，$\mu_t = M\varepsilon_t$。

由于我国结构性盈余与周期性盈余并不能获取直接的数据，本小节采用消除趋势法中的 HP 滤波法获得结构性盈余数据，结果如图 3-3 所示，图中负数部分即为财政赤字。一般而言，周期性赤字可以衡量我国财政政策发挥自动稳定功能的强弱，而结构性赤字可以表示财政政策扩张的程度。从图中可以看出，我国 1985 年至 1996 年财政赤字呈现出逐步缓慢增加的趋势，表明这一时期我国财政政策具有持续扩张性；从 1997 年开始我国结构性赤字增长速度加快，说明我国这一时期财政扩张力度加强；2000 年之后结构性赤字开始减少，财政政策

趋于稳健，自2008年之后结构性赤字又出现扩张的趋势，表明我国这一段时期的财政政策扩张力度开始加强。滤波所得结果与我国各时期现实政策操作趋向相符合。

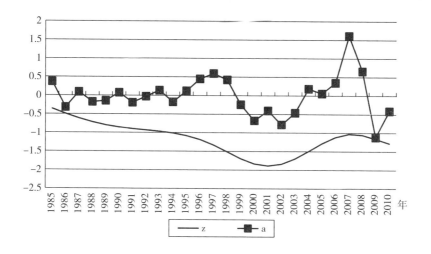

注：z 表示结构性盈余，a 表示周期性盈余，数据均以占 GDP 比重表示。

图 3-3　结构性盈余与周期性盈余

根据 AIC 准则，我们构建包含常数项、滞后阶数为 1 的 VAR 模型，考察周期性盈余、结构性盈余和负债三者之间的变动关系，脉冲响应函数如图 3-4 所示。由图可见，给定结构性盈余一个正向冲击，未来 10 期内响应均为负；给定周期性盈余一个正向冲击，负债在第 1 期内反应为正，从第 2 期开始为负，直至

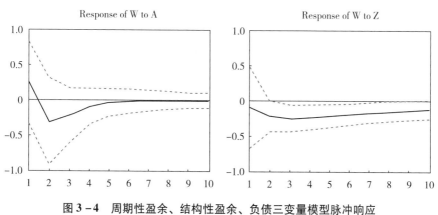

图 3-4　周期性盈余、结构性盈余、负债三变量模型脉冲响应

第 7 期回归零点。据此，结合 C. C. D 的识别标准，我们仍然倾向于认为我国的财政政策具有李嘉图制度属性。

第四节　基于局部制度模拟视角的制度属性识别

一、模型构建

带随机波动的时变参数向量自回归模型（TVP – VAR – SV）可由 SVAR 模型增加时变参数特性得到。对于一个典型的 SVAR 模型：

$$Ay_t = F_1 y_{t-1} + \cdots + F_s y_{t-s} + \mu_t, t = s + 1, \cdots, n \tag{3.11}$$

其中，y_t 为 $k \times 1$ 维观测变量，A 和 F_i 为 $k \times k$ 维系数矩阵。扰动项 μ_t 为 $k \times 1$ 维结构冲击。假设冲击向量 $\mu_t \sim N(0, \sum \sum')$，其中 $\sum = diag(\sigma_i)$，$i = 1, \cdots,$ k。同期相关系数矩阵 A 是一个下三角形矩阵，可用递归法对其结构冲击进行识别。对式（3.11）进行整理，有

$$y_t = B_1 y_{t-1} + \cdots + B_s y_{t-s} + A^{-1} \sum \varepsilon_t, \varepsilon_t \sim N(0, I_k) \tag{3.12}$$

其中，$B_i = A^{-1} F_i$；$i = 1, \cdots, s$。将所有 B_i 的元素堆叠，得到向量 $\beta(k^2 s \times 1)$。同时定义 $X_t = I_k \otimes (y_{t-1}', \cdots, y_{t-s}')$。则式（3.12）可表示为

$$y_t = X_t \beta + A^{-1} \sum \varepsilon_t \quad t = s + 1, \cdots, n \tag{3.13}$$

对参数和方差赋予时变特性，则上述 SVAR 即成为 TVP – VAR – SV 模型：

$$y_t = X_t \beta_t + A_t^{-1} \sum_t \varepsilon_t \quad t = s + 1, \cdots, n \tag{3.14}$$

在这一模型中，参数 β_t、A_t 和 $\sum_t$ 均具有时变性。同期相关系数矩阵 A_t 为

$$A_t = \begin{pmatrix} 1 & 0 & \cdots & 0 \\ a_{t,2,1} & 1 & \cdots & 0 \\ \vdots & \ddots & \ddots & 0 \\ a_{t,k,1} & a_{t,k,2} & \cdots & 1 \end{pmatrix}$$

为便于表述，令 $a_t = (a_{t,2,1}, a_{t,1,2}, \cdots, a_{t,k,k-1})'$ 为 A_t 中下三角形中各元素，这些元素描述了各时期内变量间的同期作用关系；令 $h_t = (h_{t,1}, h_{t,2}, \cdots, h_{t,k})'$，

其中，$h_{t,i} = \log\sigma_{t,i}^2$，$t = s+1,\cdots,n$；$i = 1,\cdots,k$。

式（3.14）中的时变参数遵循下列随机游走过程：

$$\begin{cases} \beta_{t+1} = \beta_t + \mu_{\beta_t} \\ a_{t+1} = a_t + \mu_{a_t} \\ h_{t+1} = h_t + \mu_{h_t} \end{cases} \quad \text{其中} \begin{pmatrix} \varepsilon_t \\ \mu_{\beta_t} \\ \mu_{a_t} \\ \mu_{h_t} \end{pmatrix} \sim N\left(0, \begin{pmatrix} I & 0 & 0 & 0 \\ 0 & \sum_\beta & 0 & 0 \\ 0 & 0 & \sum_a & 0 \\ 0 & 0 & 0 & \sum_h \end{pmatrix}\right) \quad (3.15)$$

其中，$t = s+1,\cdots,n$；$\sum_a$、$\sum_\beta$、$\sum_h$ 为对角矩阵；初值 $\beta_{s+1} \sim N(\mu_{\beta_0}, \sum_{\beta_0})$，$a_{s+1} \sim N(\mu_{a_0}, \sum_{a_0})$，$h_{s+1} \sim N(\mu_{h_0}, \sum_{h_0})$。

模型利用 Nakajima（2011）提出的基于贝叶斯方法的马尔科夫链蒙特卡罗法（MCMC）进行求解，抽样算法为：给定 θ、α 和 h 初值。

（1）抽取 $\beta \mid \gamma, \alpha, h, y$；

（2）抽取 $\alpha \mid \beta, \sum, \gamma, h, y$；

（3）抽取 $\sum \mid \alpha$；

（4）抽取 $h \mid \beta, \gamma, \phi, \sigma_\eta, \alpha, y$；

（5）抽取 $\phi \mid \sigma_\eta, h$；

（6）抽取 $\sigma_\eta \mid \phi, h$；

（7）抽取 $\gamma \mid \beta, \alpha, h, y$；

（8）返回第（2）步。

二、基于 Sala（2004）标准的检验

依照方红生（2008）提出的识别标准，我们构建包含 GDP、财政预算盈余 S、实际利率 r 和政府债务 B[①] 四变量的 TVP – VAR – SV 模型。考虑到我国经济和财政政策通常以年度为单位进行调整，上述指标选取年度数据，样本区间为 1980 年至

---

① 包括国债余额和 M_0。

2015 年。实际利率通过对年度内一年期存款基准利率按天数加权平均后减去通胀率（CPI）获得，GDP、财政预算盈余来源于《中国统计年鉴》和《中国财政年鉴》，国债余额数据通过对《中国财政年鉴》每年发行和到期偿还额数据进行套算得到，M_0数据来源于 Wind 数据库。所有名义值经 CPI 平减以获得实际值。

参照 Nakajima（2011），我们设定参数的先验分布为：$(\sum_\beta)_i^{-2}$ ~ Gamma$(20, 10^{-4})$，$(\sum_a)_i^{-2}$ ~ Gamma$(4, 10^{-4})$，$(\sum_h)_i^{-2}$ ~ Gamma$(4, 10^{-4})$。其中 $(\sum_\beta)_i$、$(\sum_a)_i$ 和 $(\sum_h)_i$ 分别为方差的对角矩阵的第 i 个元素。参照李鹏等（2015），模型初值设置为 $\mu_{\beta_0} = \mu_{a_0} = \mu_{h_0} = 0$，$(\sum_\beta)_0 = (\sum_a)_0 = (\sum_h)_0 = 10 \times I$。我们使用 MCMC 进行 55 000 次模拟得到有效样本，其中前 5 000 次作为预烧从最终结果中剔除。经过比对，我们设定模型滞后阶数为 3。

与传统计量模型不同，基于蒙特卡罗模拟和贝叶斯估计的 TVP - VAR - SV 方法的参数置信度依赖于模拟的样本路径。若随机抽样所得样本无自相关、路径平稳、收敛于后验分布，则认为抽样是可信的，由此得到的估计结果可靠。利用 MATLAB 软件进行抽样模拟和参数估计，我们得到抽样的自相关系数、变动路径和后验分布信息如图 3 - 5 所示。

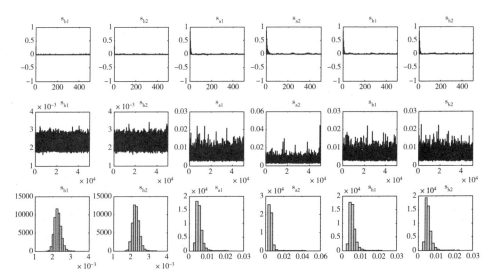

图 3 - 5 MCMC 抽样检验

图 3 - 5 中三行子图分别为蒙特卡罗模拟抽样的样本自相关系数、样本路径和后验分布图。由图可见，抽样样本的自相关系数在预烧后近似为 0，变动路径平稳，这说明预设参数的 MCMC 模拟获得了不相关的有效样本，可以用于建模估计。进一步的定量检验如表 3 - 3 所示。

表 3 - 3 　　　　　　　　　　　样本参数方差估计结果

参数	均值	标准差	5% 分位数	95% 分位数	Geweke	Inef
$(\sum_{\beta})_1$	0.0023	0.0002	0.0019	0.0026	0.465	1.58
$(\sum_{\beta})_2$	0.0023	0.0002	0.0019	0.0026	0.769	1.80
$(\sum_{a})_1$	0.0055	0.0016	0.0034	0.0095	0.559	9.51
$(\sum_{a})_2$	0.0056	0.0018	0.0034	0.0098	0.973	15.99
$(\sum_{h})_1$	0.0055	0.0016	0.0034	0.0096	0.398	12.44
$(\sum_{h})_2$	0.0055	0.0016	0.0034	0.0095	0.766	11.52

各待估参数方差的 Geweke 收敛指数[1]对应 P 值均在 10% 的水平上不能拒绝模拟所得数据收敛于后验分布的原假设。无效因子 Inef[2] 是用来度量模拟所得样本有效性的指标，数值越小则不相关样本越多，抽样越有效。对于我们模拟 50 000 次所得结果，该参数最大仅 15.99，说明抽样所得样本等价于至少 3 126 个不相关数据，此次抽样是可靠的。

利用所建立的模型进行脉冲响应分析，在一单位财政基本盈余正向冲击下，利率的响应如图 3 - 6 所示。在整个样本时期内，滞后 1、3、5 期的脉冲响应均显著为负。在滞后 10 期时，脉冲响应近似趋于 0 点，正负互现，呈现出时变特性。根据方红生（2008）的识别条件，利率的负向响应表明在全样本期内我国财政政策具有李嘉图制度属性，FTPL 理论在我国并不适用。

---

① Geweke 收敛指数用来测度随机抽样样本是否收敛于后验分布，其原假设为 "数据收敛于后验分布"，故 P 值越大越好。Nakajima（2011）、李鹏等（2015）认为，大于 0.1 即可接受。

② $Inef = \sum_{i=0}^{Bw} \rho_i$，其中 ρ_i 是样本滞后 i 阶的自相关系数，Bw 是在利用 Parzen Window 法计算样本方差时的带宽，我们取 500。Inef 的倒数表明不相关样本占抽样总数的比例，越小越好。

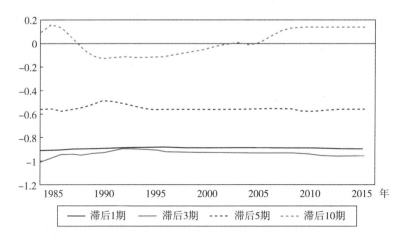

图 3 - 6　利率对基本盈余冲击的动态响应

三、基于 Kim（2003）标准的检验

前文研究表明，我国财政政策在全样本时期内均符合李嘉图制度的特点。为进一步确认结果的可靠性，我们依据 Kim（2003）提出的识别标准，构建包含 GDP（进行对数差分表示为同比增速）和 CPI 的两变量 SVAR 模型进行稳健性检验。Kim 考察了社会总需求和总供给冲击下通胀是否发生反复翻转，若存在，则为非李嘉图制度，否则为李嘉图制度。模型参照 Kim 设定为

$$\begin{bmatrix} dlog(Y_t) \\ dlog(P_t) \end{bmatrix} = \begin{bmatrix} \Psi_1 \\ \Psi_2 \end{bmatrix} + \begin{bmatrix} \Psi_{11}(L) & \Psi_{12}(L) \\ \Psi_{21}(L) & \Psi_{22}(L) \end{bmatrix} \begin{bmatrix} \varepsilon_{AD,t} \\ \varepsilon_{AS,t} \end{bmatrix} \quad (3.16)$$

式中，Ψ_i 为常数，$\Psi_{ij}(L)$ 为第 L 阶分布滞后的系数，$\varepsilon_{AS,t}$ 和 $\varepsilon_{AD,t}$ 分别为第 t 期的总供给和总需求冲击。为保证与前文实证所用数据的一致性，我们同样选择 1980—2015 年的年度数据作为样本。所有数据来源于《中国统计年鉴》，ADF 单位根检验在 5% 水平上满足平稳性要求，构建的 VAR 模型特征根的倒数在单位圆之内，模型收敛。

表 3 - 4　　　　　　　　　　数据 ADF 单位根检验

变量	t 统计量	P 值
CPI	- 3.8821	0.0240
dlog（GDP）	- 3.7470	0.0338

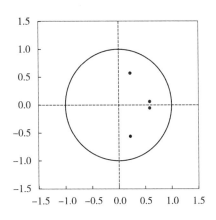

图 3-7　VAR 模型特征根检验

综合考察 AIC 和 SC 准则，我们设定滞后阶数为 2。VAR 模型回归结果如表 3-5 所示。

表 3-5　　　　　　　　　　　　　　模型回归结果

变量	Y（-1）	Y（-2）	CPI（-1）	CPI（-2）	C	R^2	F
Y	1. 2384 ***	-0. 4346	-0. 0058 **	0. 0040	0. 0376	0. 5162	7. 4674
	(0. 2639)	(0. 2703)	(0. 0029)	(0. 0029)	(0. 0324)		
CPI	71. 6321 ***	-41. 1882 *	0. 3875	0. 0781	-1. 6196	0. 6486	12. 9184
	(23. 1999)	(23. 7586)	(0. 2567)	(0. 2248)	(208520)		

注：Y 为以对数差分形式表示的 GDP 增长率，＊＊＊、＊＊、＊分别表示回归系数在 1%、5%、10% 水平上显著，括号内为估计参数标准差。

为实现对结构性冲击的识别，我们增加长期约束条件 $\Psi_{21}=0$，即总需求冲击在长期内不会影响稳态通胀水平。在此约束下，CPI 对结构性总供给和总需求冲击的脉冲响应如图 3-8 所示。

图 3-8 左右两侧分别为总供给和总需求冲击下 CPI 的脉冲响应图。由图可见，总供给冲击下 CPI 在第 1～3 期内从负向最大值过渡到正向最大值，随后逐步趋近于 0；总需求冲击下 CPI 响应始终为正，在第 2 期达到最大值后快速下降并逐步趋向于 0，期间未穿越 0 点。综合考察两幅脉冲响应图，在总供求冲击下通胀水平均没有出现如 Kim（2003）以及方红生和朱保华（2008）所描述的反复翻转现象，因而可识别我国财政政策属于李嘉图制度。

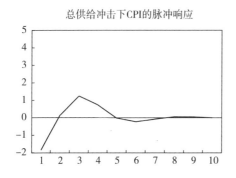

总供给冲击下CPI的脉冲响应

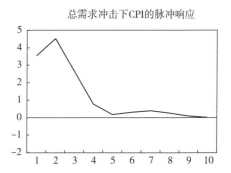

总需求冲击下CPI的脉冲响应

图 3 – 8　总需求与总供给冲击下 CPI 的脉冲响应

第五节　结论与启示

"控物价"一直是我国宏观经济调控的重要目标之一。在通货膨胀的成因上，学术界一直存在"货币论"与"财政论"的争议。前者曾是主流观点，认为价格水平由央行控制的货币供应量唯一决定，并提出了"单一货币规则"等政策措施；后者兴起于 20 世纪 90 年代，是价格决定理论与时俱进的产物，提出了新的均衡条件，即 PVBC 约束，强调财政部门在制定政策时应考虑到政府债务水平对通胀率的影响，在财政刺激和推高物价之间斟酌权衡。

本章通过构建两变量、三变量 VAR 模型，四变量 TVP – VAR – SV 模型和两变量 SVAR 模型，识别出我国财政政策具有李嘉图制度属性，强式的 FTPL 在我国并不成立。换言之，我国物价水平主要由货币当局直接决定（尽管货币政策可能从属于财政政策）。这一结论对于政策目标指派和政策搭配选择具有重要意义：我国财政当局拥有较广的政策空间，在保增长、调结构和推进供给侧改革的过程中，不必受通胀问题掣肘，其政策目标和具体措施应更多地关注于增长问题，而非价格问题；相应地，货币当局需关注我国物价水平，加强货币政策科学运用，以更好地实现物价稳定的宏观经济调控目标。在财政货币政策协调配合上，政府当局需充分尊重央行的独立性，自主维持 PVBC 约束，即实行积极性货币政策与局部李嘉图财政政策的制度搭配。提升央行行政级别、提高财政政策透明度、控制财政赤字规模、传递李嘉图制度预期，是未来可行的政策操作。

第四章

李嘉图制度下中国最优财政货币政策体制选择

第一节　引言

如导论理论介绍部分所述，在李嘉图制下，存在两种可行的政策主被动搭配组合，即财政主动/货币被动（AF/PM）和货币主动/财政被动（AM/PF）组合，而双主动与双被动的搭配体制均将引致经济体的不稳定。区分政策的主被动搭配体制对于政策操作和物价调控具有重要意义。在 AM/PF 体制下，财政当局依预算现值约束量入为出，物价水平完全由货币当局决定，其作用机制与传统的货币数量论相一致；而在 AF/PM 体制下，财政当局主动行事，货币当局被动地增发铸币税以维持政府预算现值约束，此时可以认为货币政策从属于财政政策，因而物价水平最终由财政当局决定（此即弱式的 FTPL）。简言之，在不同的主被动搭配体制下，旨在调控物价和平抑冲击的政策操作会有不同的传导渠道和作用效果。

上一章基于两种视角、依据三种标准、构建四个模型，实证结果显示我国财政货币政策具有李嘉图制度属性，由此自然而然地引出一个问题：我国财政货币政策应如何选择主被动政策搭配体制从而实现平抑外部冲击、稳定物价水平的政策目标？本章将尝试分别从实践和理论两方面对这一问题给出解答。

第二节　最优财政货币政策体制选择的经验分析

一、稳定物价已成为当前宏观调控的重要任务

为应对国际金融危机，中国自2008年下半年开始实施扩张的财政政策与适度宽松的货币政策。2009年中国经济走出了一条鲜明的"V"形反弹曲线，表明这一政策组合已发挥巨大作用。但在各种乐观数据的背后，中国经济仍然隐藏着诸多问题。其中，通货膨胀就是最为突出的问题之一。事实上，自2009年第四季度以来，物价持续上涨的势头一直延续，从2009年10月到2010年2月，居民消费价格（CPI）增长率分别为4.4%、5.1%、4.6%、4.9%和4.9%。

物价问题是一个涉及民生的敏感问题，不仅直接影响百姓生活水平，还会影响经济发展和社会稳定。鉴于此，在十一届全国人大四次会议上，时任总理温家宝在长达36页的政府工作报告中开篇即谈到了物价问题，提出要把稳定物价总水平作为宏观调控的首要任务，并将2011年全国物价调控目标设定为CPI涨幅4%左右，同时还列出了五项具体措施，包括：一是有效管理市场流动性，控制物价过快上涨的货币条件；二是大力发展生产，保障主要农产品、基本生活必需品、重要生产资料的生产和供应；三是加强农产品流通体系建设，积极开展"农超对接"，畅通鲜活农产品运输"绿色通道"；四是加强价格监管，维护市场秩序；五是完善补贴制度，建立健全社会救助和保障标准与物价上涨挂钩的联动机制。物价问题已引起全社会的关注，但该轮物价上涨究竟起因于何？如何控制？理论与实务界却众说纷纭。本节拟从财政货币政策体制角度对此进行经验分析。

二、中国物价水平当前可能由财政政策决定

在物价水平决定问题上，理论界一直存在所谓"货币论"与"财政论"之争。前者属于传统观点，其理论核心是货币数量论，强调物价水平取决于中央

银行的货币供给。进一步，如果考虑到预期因素，则物价水平不仅取决于现期货币供给，还取决于预期的未来货币供给，是两者的加权平均值。货币论的精髓用芝加哥大学经济学大师米尔顿·弗里德曼的那句名言来概括即是："通货膨胀总是，而且永远是一种货币现象。"财政论是 20 世纪 90 年代才兴起的一种新理论，最早由 Leeper 提出。Leeper（1991，1993）认为"通货膨胀永远只是一种货币现象"的论断，只在特定的条件下才成立，这个条件就是积极型货币政策与被动型财政政策的组合。在这一组合下，财政政策只是起到平衡政府预算现值约束的作用，对价格水平的决定不起任何作用，但若是被动型货币政策与积极型财政政策的组合，则通货膨胀不完全是一种货币现象，其中财政政策在价格水平的决定中起着重要作用，而货币政策以非传统理论所预期的结果发挥作用。Creel 和 Bihan（2006）则进一步认为，即使货币政策是积极的，积极型财政政策依然影响着价格水平，只不过是以爆炸性的方式在起作用。

学界对 2011 年前后我国通货膨胀成因的解释存在一定分歧。一种主流的观点是，货币发行过多引致通货膨胀。单从数字来看，这一观点显然有其合理性，因为从 2008 年 12 月底到 2010 年 12 月底，两年间中国经济体内部的 M_0 净增了 1.04 万亿元，基础货币增加了 5.6 万亿元，狭义货币 M_1 增加了 10.05 万亿元，广义货币 M_2 增加了 25.06 万亿元。M_2 的净增量已是这两年 GDP 增量的 2.59 倍，占 2009 年中国 GDP 的 74.7%。巨额货币供给增长带来物价上升，这完全符合货币论的逻辑。问题在于，货币扩张虽然是物价上涨的直接原因，但引起货币扩张的直接原因又是什么呢？要回答清楚这个问题得从财政政策入手。众所周知，为抗击金融危机，中国政府于 2008 年底开始实施 4 万亿元人民币财政刺激计划。这一规模空前的扩张性财政政策尽管没有导致中央政府出现巨额赤字，但地方政府却负债累累。进而言之，中央政府财政赤字虽然不是此次物价上涨的主要原因，但地方政府借贷却成为一个主要推手。这是因为在 4 万亿元人民币巨额财政刺激计划中，有 28 200 亿元需要地方政府提供配套资金支持。中国地方政府的资金来源虽然包括地方财政预算、中央政府代发地方债券、政策性贷款、企业债券、中期票据、银行贷款，以及吸引民间投资等多种方式，但现实情况是，中国地方政府的财政配套资金很有限，而通过发行债券筹集资金的进展速度又很缓慢。为了遏制金融危机的蔓延，减少金融危机造成的损失，必须动用非常规的财政资金筹集手段。2008年至2010年，鼓励或直接要求银行增加贷款投放、参与财政刺激计划，成为必要的甚至是首要的、效率相对较高的应对国际金融危机的选择。同时，2008年初，中国银行部门中普遍存在流动性过剩以及中国商业银行中国家股权持有比重较高，这些又为提供相对独特却较有效率的资金筹集方式提供了可能和条件。于是，银行贷款筹资模式迅速被各级地方政府采用，银行信贷出现井喷：2009年，全国的银行信贷规模净增了9.59万亿元，同比增长了33%；2010年全年又新增贷款7.95万亿元；这两年全国银行信贷规模总共增加了17.54万亿元，差不多是2009年中国GDP总量的一半。经济理论告诉我们，当人类经济社会进入信用货币阶段后，货币主要是通过商业银行贷款创造银行存款而内生产生，相反，传统的通过央行主动地向经济体内外生注入货币的形式则退居其次。基于此，我们可得出一个基本结论：财政刺激计划下，银行贷款急剧膨胀直接造成中国2009—2010年的 M_1 和 M_2 巨量增长，而后者直接导致物价持续上升。

三、当前财政货币政策体制面临挑战

Davig 和 Leeper（2006）对 Leeper 早期研究的政策性质作出了如下具体定义：积极型货币政策（active monetary policy）是指名义利率对通货膨胀的反应系数超过1，否则是被动型货币政策（passive monetary policy）；积极型财政政策（active fiscal policy）是指税收对债务的反应力度不足以支付实际利息成本，否则为被动型财政政策（passive fiscal policy）。对这四种政策加以组合则可得到四种政策体制（Policy Regime）：积极型财政政策和被动型货币政策体制、被动型财政政策和积极型货币政策体制、积极型财政政策和积极型货币政策体制以及被动型财政政策和被动型货币政策体制。前两种政策体制存在唯一理性预期稳定均衡解，第三种政策体制存在爆炸型解，第四种政策体制存在不可决定性理性预期均衡解。

从前文的分析中可看出，此前我国的财政货币政策体制具有明显的赤字财政政策特征和政府投资引致信贷扩张特征，因此属于典型的积极型财政政策和被动型货币政策体制类型。虽然这种财政货币政策体制有利于迅速调动各种资源以抗击金融危机，但是，随着中国经济逐渐摆脱金融危机的影响而步入新常态，特别是财政扩张边际效用递减，这种财政货币政策体制面临的挑战却越来越多。主要表现在以下几个方面。

（一）地方政府债务压力巨大

据统计，截至 2016 年末，我国地方政府债务余额达 15.32 万亿元，地方政府债务率高达 80.5%，有进一步接近国际警戒标准的可能。其中，江苏省地方政府负有偿还责任的债务位列全国第一，是唯一一个债务突破万亿元的省份；贵州和辽宁两省负债率逾 180%，浙江、湖南等多个省份负债率亦突破 100%。如果加上纳入预算管理的中央政府债务余额 12.01 万亿元，全国政府债务余额达 27.33 万亿元。显然，政府债务，尤其是地方政府债务已经成为了系统性风险的重要诱发点。针对这一情况我国已经设定地方政府债务限额，未来以积极型财政政策主导宏观调控的空间将进一步收窄。

（二）银行信贷违约风险增加

自 2012 年以来，我国银行体系不良贷款余额和不良贷款率已连续五年保持上升态势。导致这一现象的原因有两点。一是 2008 年金融危机期间信贷投放过于宽松，部分盈利能力弱、风险高的项目借政策优势获得了信贷资金支持，但却不具备足够的"造血"能力，这部分不良贷款在 2012 年开始逐步暴露。二是宏观经济下行压力巨大，企业家信心不足，人民币国际化的快速推进导致短期内人民币出现升值，投资、出口增速随之下滑。受此影响，实体经济尤其是制造业不良贷款增速快速上升，带动银行体系整体不良贷款率增长。

四、政策搭配需向被动财政、主动货币组合转型

长期以来，中国政府一直将中国的通货膨胀调控目标区间设定在 2%～4% 的水平。但 2010 年 10 月到 2012 年初，CPI 一直处于高位，究其原因，即是实施积极型财政政策和被动型货币政策体制使然。未来如果再度启用这种政策体制，稳定物价必将成为空谈。换言之，要实现稳定物价的宏观调控目标，财政货币政策体制的调整势在必行。问题是，在剩下的三种财政货币政策体制中，哪一种才是合适的呢？首先，积极型财政政策与积极型货币政策体制显然不可取。因为只要实施积极型财政政策，上述问题仍将存在。其次，被动型财政政策与被动型货币政策也不可取。因为被动型财政政策虽有利于限制政府投资扩

张，但在货币供应量和流动性业已过剩的情况下，被动型货币政策无异于中央银行自缚手脚，从而失去了主动出击以控制物价的政策利器。这样，中国就剩下最后的选择：被动型财政政策与积极型货币政策体制。

被动型财政政策与积极型货币政策体制的要旨是：实施政府财政预算约束，严格控制政府债务和投资，同时提高中央银行独立性，加强货币政策制定和实施自主权，明确稳定物价的货币政策目标。因此，实施这一政策体制需要做好以下几项工作：（1）转变功能财政观念，增强政府的债务风险意识，量入为出，约束各级政府赤字财政行为。（2）全面审计地方政府债务，摸清全国地方政府债务的规模、结构、类型、成因和管理情况，建立规范的地方举债融资机制，严格举借程序，有效防范和化解潜在风险。（3）继续推进商业银行市场化改革进程，加强商业银行的独立性与自主性，努力实现银政分离，使其真正成为独立的法人主体。（4）增强中国人民银行的职能独立性和信用独立性，加大其制定和执行货币政策的自主权，完善货币调控机制。（5）协调中央银行多重目标之间的关系，借鉴国外成功经验，做到在金融稳定与货币政策之间，强调货币政策优先；在经济增长与稳定物价之间，强调稳定物价优先。

第三节　最优财政货币政策体制选择的实证分析

一、引言

长期以来，宏观经济环境的稳定一直是理论和实务界争论和研究的重点，后金融危机时代曾出现的物价剧烈波动和产出增速持续下行也一度成为国内外宏观政策研究和讨论的焦点。财政货币政策作为宏观调控的重要手段对促进经济稳定发展有着不可忽视的作用，但各国实际经济运行表明，试图稳定宏观经济的财政货币政策本身也是造成经济波动的内在源泉（卞志村，2007；Fata's & Mihov，2006）。许多研究表明，只关注财政政策或者货币政策并不能有效促进经济稳定，实现经济体福利最大化。寻找最有利于经济发展的财政货币政策体制组合以减少经济波动、促进经济平稳运行是当前学术界和政策当局亟待解决的问题。

通货膨胀和产出作为衡量宏观经济稳定的两大重要变量，历来都是财政政策和货币政策调控的核心目标。产出作为一个经济体发展程度的直观度量指标，国内外学者对此早已展开大量研究，现已形成较为成熟的理论体系。凯恩斯主义认为，财政货币政策在短期对扩大总需求、引导经济实现均衡有着积极有效的作用；新古典主义宏观经济学者基于 RBC 模型，认为经济中的产出、通货膨胀、就业等大部分变量仅仅受到技术冲击影响，任何试图影响经济的宏观经济政策都是无效的，甚至是有害的（Kydland & Prescott，1982）；新凯恩斯主义宏观经济学者基于价格刚性、理性预期和不完全竞争等贴近现实的假设，引入微观基础证明了财政货币政策对稳定经济发展、引导产出趋于平衡是有效的（Mankiw et al.，1988；Gali et al.，2007）。新凯恩斯主义学者还认为，不管在何种政策体制下，政府支出作用于总需求，技术进步作用于总供给，二者都是影响总产出的重要变量，但鲜有文献基于微观基础模型予以直观描述。在各国实践中，由于新古典主义宏观经济学对经济波动的解释能力较差且缺乏现实操作性，因而指导作用有限，新凯恩斯主义理论则更适用于现实经济问题分析。

　　已有文献对物价水平波动的认识经历了一个不断深化的过程。物价水平决定一直以来都是货币主义学派研究的核心问题，货币主义经济学大师弗里德曼认为"通货膨胀总是，而且永远是一种货币现象"。龚六堂和邹恒甫（2002）基于简单的经济关系分析指出，政府仅仅通过货币政策无法完全控制通货膨胀，货币政策不是政府控制通胀的唯一途径[①]。鉴于 20 世纪 80 年代巴西和 90 年代末期中国出现的"价格之谜"现象已无法用传统货币理论解释，20 世纪 90 年代以来，学术界开始研究影响物价水平决定的其他重要因素。Leeper（1991）、Sims（1994）和 Woodford（1995，2001）等提出物价水平决定的财政理论——FTPL（Fiscal Theory of the Price Level），认为财政政策在决定价格水平和通货膨胀时起着很重要的作用。郭庆旺等（2003）利用协整方法，对我国财政支出、财政赤字与民间消费之间的关系进行了经验检验，认为李嘉图等价定理在中国

---

　　①　如果产出的年增长率为 μ，货币供给的年增长率为 ∂，则充分长的时间后价格的增长率为 $\partial - \mu$。但实际上公众持有货币的多少不仅取决于货币供给量与产出增长率之差，还取决于消费者对未来通胀的预期。因此，通货膨胀的决定公式中除去 $\partial - \mu$ 外，还取决于公众在未来通货膨胀预期基础上的即期货币需求和大量描述宏观均衡的条件。

不成立。方红生（2008）应用五变量 VAR 和两变量 SVAR 方法研究发现 FTPL 在中国具有适用性，并提出将稳健的财政政策精神融入积极型货币政策和盯住实际赤字目标的财政政策组合有利于同时实现价格稳定和经济可持续增长目标。

不同物价水平决定理论实际意味着货币和财政政策在经济调控中所承担的角色孰轻孰重。从实践来看，利率、债务稳定以及物价稳定之间有着千丝万缕的联系，稳定物价需要货币政策和财政政策的配合，依靠任何单一宏观政策都不能完全达到稳定物价的目的。不同财政货币政策组合下经济冲击无论是对物价还是对产出的影响趋势和程度均不尽相同，甄别最适于经济发展的财政货币政策体制需要对不同类型财政政策和货币政策间相互作用展开深入分析。经济学界对财政货币政策相互作用及其搭配问题日益重视，并已从不同角度研究了两者间的相互关系。Lucas（1983）和 Alesina 和 Perotti（1997）分别利用公共财政理论和博弈论讨论了财政政策和货币政策的最优组合问题。Muscatell 等（2004）基于新凯恩斯主义 DSGE 模型研究美国财政货币政策的相互作用，发现财政与货币政策作用是否互补抑或替代取决于经济冲击类型以及模型对经济结构所定的假设。Davig 和 Leeper（2006，2011）基于财政冲击视角运用 DSGE 模型研究财政货币政策相互作用以及宏观经济波动问题，分析结果表明主动货币被动财政搭配的政策体制引致经济波动最小；而主动财政被动货币搭配的政策体制在运用于宏观调控时易致经济较大波动。国内部分学者对此亦展开了深入研究，刘斌（2009）基于物价水平决定的财政理论探讨了财政货币政策所起的作用及其相互协调问题，并指出主动货币政策和被动财政政策组合体制有利于实现社会福利水平最大化；贾俊雪和郭庆旺（2012）基于新凯恩斯 DSGE 模型从财政支出角度研究了最优财政货币政策规则，结果表明旨在实现物价和债务稳定的政策规则是最优的；胡爱华（2013）从不同冲击视角对财政和货币政策相互作用进行了经验分析，但他并未分别对不同政策组合进行研究，从而无法给出最优财政货币体制。

对于最优财政货币政策体制选择问题不能一概而论，从不同角度分析所得结论具有明显差异，本节拟基于财政支出和技术进步两大冲击视角以深化这一问题的研究。已有研究表明，菲利普斯曲线和动态 IS 曲线能较好描述经济波动的特征（范从来，2000；卞志村和高洁超，2013）。虽然研究财政货币政策搭配问题的文献大部分基于新凯恩斯主义 DSGE 模型，但鲜有文献建模时完整考虑混合 NKPC 曲线和动态 IS 曲线。本节尝试在区分一般产品和公共产品消费的基础上对混合 NKPC 和动态 IS 曲线进行进一步推广，并基于我国实际政策体制组合进行实证和社会福利损失分析。本节具体结构安排如下：第二部分为新凯恩斯主义框架下扩展型 DSGE 模型的建立；第三部分为我国财政货币政策体制估计和相关参数校准；第四部分为最优财政货币政策体制选择分析，具体为动态模拟分析、社会福利损失量化分析以及我国最优财政货币政策体制甄选；第五部分为结论和政策建议。

二、扩展型 NK – DSGE 模型的建立

目前，国内外学者在研究物价水平决定的财政货币理论以及最优财政货币政策规则搭配时主要采用新凯恩斯主义背景下的 DSGE 模型，但在建模时少有文献完整考虑描述通胀和产出水平的混合菲利普斯曲线和动态 IS 曲线。另外，大部分文献进行此类研究时一般仅考虑社会居民消费，而未将一般产品和公共产品进行区分并赋予差别效用权重形式[①]。本节认为，一般产品消费和公共产品消费给家庭带来的效用存在差别性，以差别效用权重形式表示的总消费水平指数更能反映现实经济体运行特征。为此，我们在效用函数中引入政府支出后进一步推导了含有外生政府支出冲击的混合 NKPC 和动态 IS 曲线，在此条件下基于政府支出和技术进步冲击视角研究整个新凯恩斯主义框架下物价水平和产出的决定以及最优财政货币政策体制问题。

（一）家庭部门的经济问题

假设经济体中家庭满足同质、理性且无限存活特性，其从一般产品消费、公共产品消费、持有实际货币余额以及享受闲暇中获取效用（家庭在提供劳动时获得负效用），以追求生命期内效用最大化为最终目标。代表性家庭的目标效用函数为：

---

① 本节一般产品消费即为居民消费，公共产品消费即为政府支出。政府支出行为在经济运行中会对居民消费效用产生正外部性，将政府支出这类公共产品引入效用函数并赋予差别效用权重可对这一外部性加以考虑。

$$E_t \sum_{i=0}^{\infty} \beta^i \left[\frac{Z_{t+i}^{1-\sigma}}{1-\sigma} + \frac{\gamma}{1-\lambda} \left(\frac{M_{t+i}}{P_{t+i}} \right)^{1-\lambda} - \chi \frac{N_{t+i}^{1+\eta}}{1+\eta} \right] \tag{4.1}$$

其中,β 为主观贴现因子,σ 为跨期消费替代弹性的倒数,λ 为货币需求利率弹性的倒数,η 为劳动力供给弹性的倒数,γ、χ 分别为持有实际货币余额和提供劳动力的效用权重;Z_t、M_t/P_t、N_t 分别表示 t 期总消费水平指数、实际货币余额和劳动供给时间。消费指数 Z_t 采取如下定义形式:

$$Z_t = \begin{cases} \left[\left(\omega C_t^{1-\phi} + (1-\omega) G_t^{1-\phi} \right) \right]^{\frac{1}{1-\phi}}, \phi \neq 1 \\ C_t^{\omega} G_t^{1-\omega}, \phi = 1 \end{cases} \tag{4.2}$$

式 (4.2) 中,ω 为一般产品在效用中的权重,ϕ 为一般产品和公共产品替代弹性的倒数。设 C_t、G_t 满足 Dixit – Stigliz 加总形式:$C_t = \left[\int_0^1 C_{jt}^{(\theta-1)/\theta} dj \right]^{\theta/(\theta-1)}$,

$G_t = \left[\int_0^1 G_{jt}^{(\theta-1)/\theta} dj \right]^{\theta/(\theta-1)}$,其中 θ 为一般产品和公共产品的需求弹性。

家庭所面临的预算约束为

$$C_t + \frac{M_t}{P_t} + \frac{B_t}{P_t} + T_t = \left(\frac{W_t}{P_t} \right) N_t + \frac{M_{t-1}}{P_t} + R_{t-1} \left(\frac{B_{t-1}}{P_t} \right) + \prod_t \tag{4.3}$$

其中,B_t 为家庭持有的一期债券,W_t 为名义工资,R_t 为债券的名义收益率,$\prod_t$ 表示家庭从企业得到的真实利润。在预算约束条件下,求一阶条件可得

$$Z_t^{\phi-\sigma} C_t^{-\phi} = \beta R_t E_t \left(\frac{P_t}{P_{t+1}} \right) Z_{t+1}^{\phi-\sigma} C_{t+1}^{-\phi} \tag{4.4}$$

$$\frac{\gamma (M_t/P_t)^{-\lambda}}{\omega Z_t^{\phi-\sigma} C_t^{-\phi}} = 1 - \frac{1}{R_t} \tag{4.5}$$

$$\frac{\chi N_t^{\eta}}{\omega Z_t^{\phi-\sigma} C_t^{-\phi}} = \frac{W_t}{P_t} \tag{4.6}$$

式 (4.4) 为代表性家庭跨期最优消费选择的欧拉条件,式 (4.5) 表示跨期最优条件下货币与消费之间的边际替代率等于持有货币的边际成本,式 (4.6) 表示闲暇与消费之间的边际替代率等于实际工资。对式 (4.4)、式 (4.5) 和式 (4.6) 对数线性化可得

$$c_t = E_t(c_{t+1}) - \frac{1}{\sigma - (\sigma - \phi)\kappa} (i_t - E_t(\pi_{t+1})) + \frac{(\sigma - \phi)\kappa}{\sigma - (\sigma - \phi)\kappa} (E_t(g_{t+1}) - g_t)$$

$$\tag{4.7}$$

$$m_t - p_t = \frac{\left[(\sigma - \phi)\omega + \phi\right]c_t + (\sigma - \phi)(1 - \omega)g_t}{\lambda} - \frac{i_t}{\lambda i_{ss}} \tag{4.8}$$

$$w_t - p_t = \eta n_t + \left[(\sigma - \phi)\omega + \phi\right]c_t + (\sigma - \phi)(1 - \omega)g_t \tag{4.9}$$

其中，c_t、g_t、m_t、p_t、w_t、n_t 等小写形式变量均为其偏离各自稳态值的比率，i_{ss} 表示名义利率的稳态值，$\pi_t = p_t - p_{t-1}$ 表示通货膨胀率，

$$\kappa = \frac{(1 - \omega)(g_{ss}/c_{ss})^{1-\phi}}{\omega + (1 - \omega)(g_{ss}/c_{ss})^{1-\phi}}$$

（二）企业的经济问题

假设经济体中包含两类企业：中间产品生产企业和最终产品生产企业。参照 Davig 和 Leeper（2011），短期内忽略资本存量的影响，假定第 j 种消费品生产企业的生产函数为

$$Y_{jt} = A_t N_{jt} \tag{4.10}$$

其中，A_t 为生产投入的技术。根据 Calvo（1983），假定每一期有（$1 - f$）比例的企业可以调整其价格，其余 f 比例的企业无法对其产品调整定价，且 f 独立于历史更新次数。据此黏性价格假定，可得消费品价格指数满足如下表达式：

$$P_t^{1-\theta} \equiv \int_0^f P_{t-1}^{1-\theta}dj + \int_f^1 (P_t^*)^{1-\theta}dj = fP_{t-1}^{1-\theta} + (1 - f)(P_t^*)^{1-\theta} \tag{4.11}$$

P_t^* 表示所有在 t 期可以调价企业的新定价格。对式（4.11）对数线性化可得

$$p_t = fp_{t-1} + (1 - f)p_t^* \tag{4.12}$$

此外，根据陈彦斌（2008），假设企业分为两类：有（$1 - \delta$）比例的企业为前瞻性企业，δ 比例的企业为后顾性企业。前瞻性企业每次定价时，按其最大化利润现值的原则来确定其产品价格 P_t^f（其对稳态的偏离为 p_t^f），而后顾性企业只依据简单规则来定价 P_t^b（其对稳态的偏离为 p_t^b）。从而有

$$p_t^* = \delta p_t^b + (1 - \delta)p_t^f \tag{4.13}$$

具体分析前瞻性企业定价过程，该类企业最大化期望利润现值：

$$\max_{p_t^f} E_t \sum_{i=0}^{\infty} f^i \Delta_{i,t+i} \left[\left(\frac{P_t^f}{P_{t+i}} - MC_{t+i} \right) Y_{jt+i} \right] \tag{4.14}$$

其中，贴现因子 $\Delta_{i,t+i}$ 由 $\beta^i \left(\frac{Z_{t+i}}{Z_t} \right)^{\phi-\sigma} \left(\frac{C_{t+i}}{C_t} \right)^{\phi}$ 决定，MC_t 表示企业所面临的实际边

际成本。考虑企业面临需求曲线约束和均衡条件 $Y_t = C_t + G_t$，可得一阶条件为

$$\frac{P_t^f}{P_t} = \left(\frac{\theta}{1-\theta}\right) \frac{E_t \sum_{i=0}^{\infty} (f\beta)^i Z_{t+i}^{\phi-\sigma} (Y_{t+i} - G_{t+i})^{-\phi} \left(\frac{P_{t+i}}{P_t}\right)^{\theta} Y_{t+i} MC_{t+i}}{E_t \sum_{i=0}^{\infty} (f\beta)^i Z_{t+i}^{\phi-\sigma} (Y_{t+i} - G_{t+i})^{-\phi} \left(\frac{P_{t+i}}{P_t}\right)^{\theta-1} Y_{t+i}} \tag{4.15}$$

对数线性化式（4.15）可得

$$p_t^f = (1 - f\beta) \sum_{i=0}^{\infty} (f\beta)^i E(mc_{t+i} + p_{t+i}) \tag{4.16}$$

对于后顾性厂商，其新定价格为上期调整价格与上期通胀率之和。其定价满足：

$$p_t^b = p_{t-1}^* + \pi_{t-1} \tag{4.17}$$

假设稳态时通货膨胀率为 0，由式（4.12）、式（4.13）、式（4.16）和式（4.17）可得通货膨胀对其稳态偏离的表达式为

$$\pi_t = \zeta_1 E_t \pi_{t+1} + \zeta_2 \pi_{t-1} + \zeta_3 mc_t \tag{4.18}$$

其中，$\zeta_1 = \dfrac{f\beta}{f + (1-\omega)\delta + f\beta\delta}$、$\zeta_2 = \dfrac{\delta}{f + (1-\omega)\delta + f\beta\delta}$ 和 $\zeta_3 = \dfrac{(1-f)(1-\delta)(1-f\beta)}{f + (1-\omega)\delta + f\beta\delta}$。而 $mc_t = \left(\dfrac{1 - \omega + \omega\sigma + \eta c_{ss}/y_{ss}}{c_{ss}/y_{ss}}\right)(y_t - y_t^f)$，其中 y_t^f 为灵活价格下（即 $f = 0$ 时）均衡产出水平对稳态产出水平的偏离。经过推导，引入政府支出的灵活价格均衡产出满足如下等式[1]：

$$y_t^f = \frac{1 - \omega + \omega\sigma - \sigma(c_{ss}/y_{ss})}{1 - \omega + \omega\sigma + \eta(c_{ss}/y_{ss})} g_t + \frac{(\eta + 1)(c_{ss}/y_{ss})}{1 - \omega + \omega\sigma + \eta(c_{ss}/y_{ss})} a_t \tag{4.19}$$

式（4.19）说明，灵活价格条件下的均衡产出水平不仅与技术冲击相关，政府支出冲击也是均衡产出水平的决定变量。将上述推导代入式（4.18）即可得到产出均衡缺口形式的推广型混合菲利普斯曲线表达式：

$$\pi_t = \zeta_1 E_t \pi_{t+1} + \zeta_2 \pi_{t-1} + \zeta_4 x_t \tag{4.20}$$

其中，$\zeta_4 = \dfrac{(1 - \omega + \omega\sigma + \eta c_{ss}/y_{ss})\zeta_3}{c_{ss}/y_{ss}}$；$x_t = y_t - y_t^f$，表示实际产出与灵活价格均

---

[1] Carl E. Walsh（2010）基于未引入公共产品的效用函数，推导出灵活价格下的均衡产出水平满足：$y_t^f = \frac{(\eta+1)}{\sigma+\eta} a_t$；另外区别于本节，其所得实际边际成本满足：$mc_t = (\sigma + \eta)(y_t - y_t^f)$。

衡产出之间的缺口。为进而描述理论上政府支出与通货膨胀存在的相关关系，在此不妨将式（4.20）表示为含有政府公共产品和技术水平变量的形式：

$$\pi_t = \zeta_1 E_t \pi_{t+1} + \zeta_2 \pi_{t-1} + \zeta_4 \left[\nu g_t + \frac{c_{ss}}{y_{ss}} c_t - \vartheta a_t \right] \tag{4.21}$$

其中，$\nu = \dfrac{g_{ss}}{y_{ss}} - \dfrac{1 - \omega + \omega\sigma - \sigma(c_{ss}/y_{ss})}{1 - \omega + \omega\sigma + \eta(c_{ss}/y_{ss})}$, $\vartheta = \dfrac{(\eta + 1)(c_{ss}/y_{ss})}{1 - \omega + \omega\sigma + \eta(c_{ss}/y_{ss})}$ 。若满足 $\zeta_4 \nu > 0$、$\zeta_4 \vartheta > 0$，则可说明政府支出的当期正向冲击势必带来通胀水平的当期正向波动，技术进步当期正向冲击势必带来通胀水平的负向波动。式（4.21）表明政府支出和技术进步变动对通胀有直接的影响。

此外，基于 $Y_t = C_t + G_t$ 这一均衡条件，转化式（4.7）可得到含有政府支出的新凯恩斯动态 IS 曲线：

$$x_t = E_t(x_{t+1}) - \frac{c_{ss}/y_{ss}}{\sigma - (\sigma - \phi)\kappa} \left[i_t - E_t(\pi_{t+1}) \right] + d_t \tag{4.22}$$

式（4.22）中，$d_t = E_t y_{t+1}^f - y_t^f + \dfrac{(\sigma - \phi)\kappa - (1 - c_{ss}/y_{ss})\sigma}{\sigma - (\sigma - \phi)\kappa} \left[E_t(g_{t+1}) - g_t \right]$，由财政支出和技术冲击决定。假设财政支出和技术进步外生，遵循一阶自回归过程 AR（1）：$g_t = \rho_g g_{t-1} + \varepsilon_{gt}$，$a_t = \rho_a a_{t-1} + \varepsilon_{at}$，$\rho_g$ 和 ρ_a 为相应自回归系数，ε_{gt} 和 ε_{at} 为白噪声干扰。

（三）财政当局的政策问题

财政当局通过税收、发行货币和债券为其公共产品支出融资，满足如下政府预算平衡式：

$$G_t = T_t + \frac{M_t - M_{t-1}}{P_t} + \frac{B_t}{P_t} - \frac{R_{t-1} B_{t-1}}{P_t} \tag{4.23}$$

另外，参照张佐敏（2014），本节将财政政策规则设定为

$$r\tau_t = l_1 r\tau_{t-1} + l_2 rb_{t-1} + l_3 x_t + l_4 rg_t + \varepsilon_{ft} \tag{4.24}$$

其中，$r\tau_t$、rb_t 和 rg_t 分别表示税收产出比率、债务产出比率、政府支出比率对各自稳态水平的偏离；ε_{ft} 为财政政策随机冲击。

（四）货币当局的政策问题

价格型货币政策工具在很多方面较数量型工具更优，尤其在短期内更能有效熨平经济波动（卞志村和胡恒强，2014），故本节采用与 Davig 和 Leeper

（2011）类似的泰勒规则形式，并考虑利率平滑，将货币政策规则设定为

$$i_t = k_1 i_{t-1} + k_2 \pi_t + k_3 x_t + \varepsilon_{it} \qquad (4.25)$$

其中，ε_{it} 为货币政策随机冲击。

三、财政货币政策体制估计和参数校准

改革开放以来，以财政和货币政策为主的宏观政策调控促进我国成功实现长达30多年的经济高速发展，但经济高速增长背后隐藏着物价波动剧烈、债务积聚过重、贫富差距过大、经济增长后劲不足等诸多问题。当前经济新常态下所面临的各种潜在风险提醒学界和实务界要对财政货币政策体制进行深入研究和反思，何种财政货币政策体制是最优的？本节基于中国1978—2013年实际经济运行尝试对这一问题作出回答，据以甄别出适合我国经济发展的最优财政货币政策体制。

（一）财政货币政策体制估计

财政货币政策体制实证估计主要基于税收比率为因变量的财政政策规则和以利率为因变量的泰勒规则形式进行，在式（4.24）和式（4.25）定义的具体模型基础上，本节采用 MS – OLS 对两模型进行估计。考虑我国国债余额季度数据获取较为困难，本节单方程马尔科夫区制转移估计选取1978—2013年度数据；通过对中国人民银行历年存款基准利率调整进行加权平均获取年度利率数据；模型中税收产出比率、债务产出比率、产出以及利率对各自稳态偏离数据均通过 HP 滤波进行处理获得。

表4 –1　　　　　　　　　财政政策规则参数估计结果

参数体制	l_1	l_2	l_3	l_4
主动型财政规则（AF）	0.069290	– 0.049733	0.031024	0.419042
被动型财政规则（PF）	0.031746	0.133253	0.537076	1.994253

表4 –2　　　　　　　　　货币政策规则参数估计结果

参数体制	k_1	k_2	k_3
主动型货币规则（AM）	– 0.119858	1.189661	0.992024
被动型货币规则（PM）	0.811733	0.653192	0.382695

根据 Leeper（1991）定义：名义利率完全对通货膨胀作出反应的货币政策规则为主动型货币规则（即 $k_2 \geq 1$ 时）；非致力于保持政府债务稳定的税收、支出政策规则为主动型财政规则（即 $l_4 < 1$ 时）[①]。本节对财政、货币政策规则模型进行单方程马尔科夫区制转移估计结果如表 4 - 1、表 4 - 2 所示，我们根据 Leeper 关于财政货币政策类型定义对两种政策规则下的两种区制进行了区分。其中，样本区间内主动型财政规则的区制概率为 73.83%，被动型财政规则的区制概率为 26.17%；被动型货币规则的区制概率为 77.38%，主动型货币规则的区制概率为 22.62%。具体的财政、货币政策规则区制如图 4 - 1、图 4 - 2 所示[②]，估计结果与刘斌（2009）基于 Bayes 估计检验殊途同归：我国宏观政策体制主要表现为主动型财政政策和被动型货币政策组合体制。这一实证结果与我国财政货币政策实践基本一致，因为改革开放以来为促进经济快速增长我国主要实行了赤字型财政政策，仅少数年份略有财政盈余；另外，卞志村（2006）、中国人民银行营业管理部课题组（2009）等基于我国经济数据的大量实证结果表明，利率对通胀缺口的反应系数一般在 0.5 ~ 1.0，我国利率对通货膨胀反应不足。

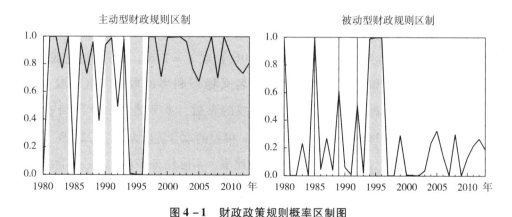

图 4 - 1　财政政策规则概率区制图

---

①　对政府预算约束式（4.23）进行稳态标准化可得：$g_{ss} + i_{ss}\left(\dfrac{b_{ss}}{p_{ss}}\right) = t_{ss}$，即当对税收的幅度调整小于政府公共支出的调整时，政府债务水平便无法保持稳定。本节区制区分原则与 Davig 和 Leeper（2011）一致。

②　为凸显说明我国主动财政和被动货币政策组合的主导搭配体制，本节对这两种体制规则均以 60% 概率为界，而其余两种体制规则均以 40% 为界。图中阴影部分和竖实线对应各体制规则实际周期。

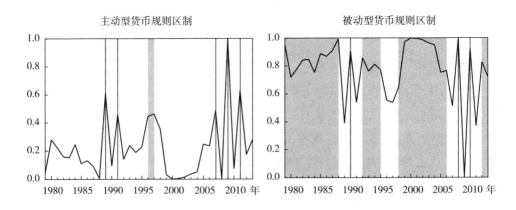

主动型货币规则区制　　　　　　　　　　被动型货币规则区制

图 4 - 2　货币政策规则概率区制图

（二）参数校准

接下来我们对参数进行校准，一部分直接参照已有文献，另一部分则结合我国实际经济数据进行估计获得。对于居民跨期消费替代弹性和效率工资弹性的倒数，本节参照李春吉、孟晓宏（2006）和 Zhang（2009）的研究取 $\sigma = 2$、$\eta = 6.16$。对于一般产品消费在总消费指数中的权重以及一般产品与公共产品替代弹性的倒数，参照胡爱华（2013）取 $\omega = 0.9$、$\varphi = 1$。对于实际货币需求利率弹性的倒数，参照 Davig 和 Leeper（2011）取 $\lambda = 2.6$。对于居民主观贴现因子，基于卞志村和胡恒强（2015）对名义稳态利率的取值，本节取 $\beta = 0.9629$。对于混合新凯恩斯菲利普斯曲线的参数，本节通过估计得到 $\zeta_1 = 0.553792$、$\zeta_2 = 0.438697$、$\zeta_4 = 0.169824$，模型的拟合优度为 $R^2 = 72.8\%$。对于稳态时一般产品与产出比率、税收产出比率、实际债务产出比率、实际货币余额与产出比率，本节基于刘斌（2009）模型稳态取值进行校准，取 $\dfrac{c_{ss}}{y_{ss}} = 0.7385$ [①]、$\dfrac{t_{ss}}{y_{ss}} = 0.2692$、$\dfrac{b_{ss}/p_{ss}}{y_{ss}} = 0.2$、$\dfrac{m_{ss}/p_{ss}}{y_{ss}} = 2$。对于政府支出和技术进步自回归系数，本节取 $\rho_g = \rho_a = 0.9$。参数校准结果具体如表 4 - 3 所示。

---

① 区别于刘斌（2009），本节满足 $y_{ss} = c_{ss} + g_{ss}$；限于篇幅，本节具体参数校准和部分对数线性化过程未详细列出，备索。

表 4 - 3 模型参数校准

参数	解释意义	取值	参数	解释意义	取值
β	主观贴现率	0.9629	ζ_4	产出均衡缺口反应系数	0.1698
σ	居民跨期消费替代弹性倒数	2	c_{ss}/y_{ss}	稳态时一般产品占产出比重	0.7385
λ	实际货币需求利率弹性倒数	2.6	t_{ss}/y_{ss}	稳态时税收占产出比重	0.2692
η	效率工资弹性倒数	6.16	$(b_{ss}/p_{ss})/y_{ss}$	稳态时实际债务余额占产出比重	0.2
ϕ	一般产品与公共产品替代弹性倒数	1	$(m_{ss}/p_{ss})/y_{ss}$	稳态时实际货币余额占产出比重	2
ω	一般产品消费效用权重	0.9	ρ_g	政府支出自回归系数	0.9
ζ_1	预期通胀反应系数	0.5538	ρ_a	技术进步自回归系数	0.9
ζ_2	上期通胀反应系数	0.4387			

四、最优财政货币政策体制选择分析

本节基于前文构建的新凯恩斯框架下动态随机一般均衡模型以及相关参数校准结果，对不同政策体制组合分别进行政府支出冲击和技术进步冲击的模拟，并对各项冲击进行社会福利损失分析，以甄别出最优财政货币政策体制。

（一）动态模拟分析

Leeper（1991，1993）早在研究物价水平决定的财政理论（FTPL）时，便已基于政策搭配视角对各种财政货币政策体制进行了研究。我们将引言中简介过的内容重新列于表 4 - 4 以作回顾。

表 4 - 4 财政货币政策组合的解及其性质

	AM	PM
AF	非稳定性爆炸性解	唯一理性预期均衡解
PF	唯一理性预期均衡解	不确定性泡沫解

在主动型货币政策和主动型财政政策搭配中，模型的解不存在：尽管中央银行试图通过主动型货币政策达到稳定实体经济和物价的目标，但在政府同时采取主动型财政政策的情况下，由于政府支出的相对任意性，且不致力于稳定债务，最终通过预算平衡约束影响到物价水平，从而致使整个经济难以达到稳定状态。在主动型货币政策和被动型财政政策搭配中，模型存在唯一理性预期

均衡解：在主动型货币政策稳定实体经济和物价的同时，被动型财政政策则通过足够的税收为支出融资以支持已有的债务规模，从而确保了债务水平稳定。在主动型财政政策和被动型货币政策搭配中，模型亦存在唯一理性预期均衡解：主动型财政政策下，外生的政府支出意味着政府赤字具有相对任意性，从而导致政府债务规模的非稳定性扩张；政府债务规模扩张对实体经济和物价产生向上压力，但在被动型货币政策支持下实际利率会下降，从而实际上减轻了政府债务的利息负担，最终促进政府债务水平稳定；债务水平的稳定最终削弱其对实体经济和物价的影响，从而这种政策组合最终使得债务水平和物价维持在相对稳定状态。在被动型货币政策与被动型财政政策搭配中，模型存在不确定性泡沫解：尽管被动型货币政策能够保证债务水平的稳定，但由于被动型货币政策无法引导公众产生稳定通胀的预期，从而预期的不确定性最终会导致物价不稳定波动，不稳定的物价波动最终也会对债务稳定产生一定程度的影响。

根据上述分析，本节将基于我国财政货币政策体制主要对存在唯一理性预期均衡解的两种政策组合（主动型财政政策和被动型货币政策搭配以及主动型货币政策和被动型财政政策搭配）展开新凯恩斯主义框架下的动态随机一般均衡模拟比较分析。

1. 基于政府支出冲击视角。如图 4 - 3 所示，对政府支出施以一个单位正向冲击，两种体制组合下通胀、一般产品消费、产出以及总消费水平反应方向和程度一定水平上呈现出相对不一致性。

在主动财政政策和被动货币政策组合下，通货膨胀在滞后 0 ~ 8 期内反应为正，在滞后第 9 期则出现反转，随后持续为负；一般产品消费在 0 ~ 2 期内反应为正，在第 3 期出现反转后持续为负；产出缺口在反应期内持续为正，但反应程度持续递减，当期反应最大；以赋予一般产品和公共产品差别效用权重形式表示的总消费反应趋势基本与一般产品消费反应一致，但其正向反应程度和周期相比均较大。这主要因为冲击发生伊始，正向的政府支出冲击给通货膨胀和产出缺口带来较大的正向推动，被动型货币政策在较高通胀预期环境下使得实际利率下降，从而引致居民储蓄下降，增加当前私人消费，使得政府支出的负财富效应得以缓解，但最终负财富效应会给经济体和经济人行为带来负向影响：通货膨胀反应在第 9 期出现反转，随后持续为负；总消费水平反应在第 4 期出现反转，最后持续为负。另外，比较图 4 - 3 右边两幅图可以发现，政府增加公共产品给居民带来的效用一定程度上弥补了一般产品消费下降导致的效用减少，从而使得总消费水平负效应影响一定程度上得以缓和。

在被动型财政政策和主动型货币政策组合下，对于政府支出一个单位正向冲击，通货膨胀和产出缺口在反应期内的反应持续为正，一般产品消费和总消费反应持续为负。这主要因为，正向政府支出初始冲击给通货膨胀和产出缺口带来正向推动，但由于货币当局执行主动型货币政策，从而利率调整幅度大于通胀上升程度，最终使得真实利率上升，居民增加储蓄而减少消费。与此同时，被动型财政政策致使居民税收负担增加，从而居民消费降低。如冲击图中所示，经济人的这类行为最终会削弱冲击伊始对通货膨胀和产出的正向影响：通货膨胀在第 4 期反应达到最大后，反应程度逐渐递减；产出缺口在当期影响达到最大后，随后反应程度单调递减。

比较两种不同政策组合下政府支出冲击对各变量的影响，不难发现主动型货币政策和被动型财政政策组合下，经济体和经济人面临政府支出冲击的反应趋势相对比较平稳，反应程度较小。此亦表明，被动型财政政策和主动型货币政策组合能带来较小的经济波动；而改革开放以来我国以主动型财政政策和被

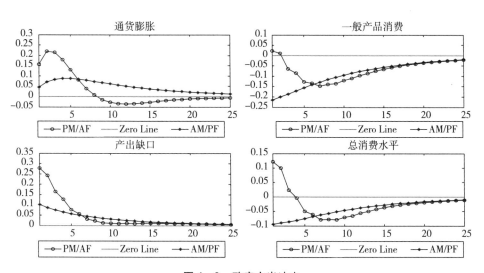

图 4 - 3　政府支出冲击

动型货币政策搭配为主的政策组合体制对促进经济体高速增长、实现经济跨越式发展总体上是有效的。

2. 基于技术进步冲击视角。本节在 Davig 和 Leeper（2011）基于政府支出冲击视角研究最优财政货币政策体制基础上增加技术进步冲击影响的分析，以进一步深化对最优财政货币政策体制选择的研究。如图 4 - 4 所示，在主动型财政政策和被动型货币政策组合下，给予技术进步一个单位正向冲击，通货膨胀在滞后 0 ~ 6 期内反应明显为负，并在滞后第 7 期产生反转，随后围绕 0 轴附近正向波动；产出缺口、一般产品消费和总消费水平在反应期内持续正向反应，且均在第 7 期反应达到最大。其内在机理为：技术进步产生正向冲击后，总供给大幅增加，经济处于供过于求状态，从而物价水平在一定时期内会降低；随着技术进步引致的产出扩张使得居民可支配收入增加，导致居民消费需求逐渐增加，经济体供求渐趋平衡，通货膨胀负效应逐渐降低，但随着该技术被广泛普及而出现技术冲击规模效应递减，总供给增加幅度低于居民消费需求增加幅度，通货膨胀反应则出现反转，最终反应为正；递减的技术进步规模效应最终使得产出和消费反应在第 7 期达到最大后逐渐递减。

在被动型财政政策和主动型货币政策组合下，对于技术进步一个单位正向冲击，通货膨胀反应持续为负，其负向效应先增后减，滞后第 4 期达到最大；产出、一般产品消费、总消费水平在反应期内持续正向反应，且均在当期影响最大后呈单调递减。其内在反应机制表现为：冲击反应大体与上述政策组合一致，但由于被动型财政政策会增加居民的税收负担，从而一定程度上抑制总需求上升，使得产出、消费在当期达到最大后单调递减，供求不平衡也致使物价水平持续为负，正向反应受到抑制；另外，主动型货币政策由于通货紧缩的预期使得实际利率降低，从而在当前政策组合下产出、消费在滞后 0 ~ 5 期正向效应持续大于主动型财政政策和被动型货币政策组合时的情形。

综合两种政策组合下技术进步冲击对各经济变量的影响，可以发现与政府支出冲击视角不同的情形：主动型财政政策和被动型货币政策组合体制利于促进经济均衡形成，给经济带来较小波动；而被动型财政政策和主动型货币政策组合下，均衡形成周期较长，经济波动相对较大。

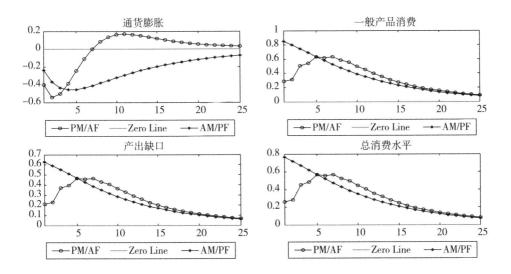

图 4 - 4　技术进步冲击

（二）社会福利损失量化分析

通货膨胀、产出和消费等经济变量一直以来都是学术界和实务界关注的重点，经济波动程度也日益成为衡量一个社会福利损失的关键指标。为量化模拟冲击分析中两种政策组合所引致的经济波动程度，假设社会福利损失函数满足一般形式：

$$L_1 = E_t \sum_{i=1}^{\infty} \beta^i (\pi_{t+i}^2 + \alpha x_t^2) \tag{4.26}$$

为增强稳健性，本节基于通胀和总消费稳定角度增加对社会福利损失的分析：

$$L_2 = E_t \sum_{i=1}^{\infty} \beta^i (\pi_{t+i}^2 + \alpha z_t^2) \tag{4.27}$$

根据以上福利损失函数设定，可以估算出两种政策组合情况下的福利损失。针对 α 的不同取值[①]，考察 25 期内政府支出和技术进步冲击的福利损失情况，如表 4 - 5、表 4 - 6 所示。

从表 4 - 5 可以发现，当面临政府支出冲击时，无论是从通胀和产出稳定角

[①]　不同 α 取值实际意味着宏观政策调控不同的目标偏好程度，$\alpha < 1$ 表示宏观调控偏好于物价稳定；$\alpha = 1$ 表示宏观调控于物价和产出（消费）稳定偏好无差异；$\alpha > 1$ 即表示宏观调控更偏好于产出（消费）稳定。

度还是通胀和总消费稳定角度，主动型货币政策和被动型财政政策组合下社会福利损失更小。这种政策组合在我国经济发展历程中并不常见，主要出现在1989年和1996年。在两个年份附近时期，我国实行"双紧"的主动型货币政策和被动型财政政策，具体表现为控制赤字、减少发债、压缩政府开支、控制货币总投放等，中国经济成功实现"软着陆"：物价指数下降，GDP增长率也有所下降，宏观调控达到预期目标。纵观我国经济发展历程，以主动型财政政策和被动型货币政策组合为主的宏观政策搭配体制总体而言是有效的，但其在拉动经济跨越式增长的同时也带来了诸多问题：产出和通胀波动较明显，贫富差距加大，东西部发展不均衡，投资过剩等。基于政府支出冲击视角下的社会福利损失分析，易于发现以稳定物价和债务水平为主的主动型货币政策和被动型财政政策组合为最优财政货币体制选择。

表4-5　　　不同政策组合下的社会福利损失（基于政府支出冲击）

	通胀和产出稳定角度			通胀和总消费稳定角度		
	$\alpha=0.5$	$\alpha=1$	$\alpha=1.5$	$\alpha=0.5$	$\alpha=1$	$\alpha=1.5$
AM/PF	0.0737	0.0921	0.1104	0.0807	0.1060	0.1314
PM/AF	0.2507	0.3393	0.4278	0.1901	0.2181	0.2461

表4-6　　　不同政策组合下的社会福利损失（基于技术进步冲击）

	通胀和产出稳定角度			通胀和总消费稳定角度		
	$\alpha=0.5$	$\alpha=1$	$\alpha=1.5$	$\alpha=0.5$	$\alpha=1$	$\alpha=1.5$
AM/PF	2.5366	3.5654	4.5942	3.0358	4.5638	6.0917
PM/AF	1.7218	2.4749	3.2279	2.0872	3.2056	4.3241

与经济面临政府支出冲击不同，表4-6列出了面临技术进步冲击时的社会福利损失情况。无论是通胀和产出稳定角度还是通胀和总消费稳定角度，均在主动型财政政策和被动型货币政策组合下社会福利损失更小。这说明当一个经济面临较快技术发展时，主动型财政政策和被动型货币政策组合最优。

（三）我国最优财政货币政策体制甄选

模拟冲击和社会福利损失分析表明，最优财政货币政策体制选择不能一概而论，在不同冲击下具有不一致性：当经济体面临政府支出冲击时，主动型货币政策和被动型财政政策组合最优；当面临技术进步冲击时，主动型财政政策和被动型货币政策组合最优。尽管改革开放以来我国面临大量国内外技术冲击，但现阶段我国技术进步程度和速度总体而言与西方发达国家相距甚远，政府支出则由于其具较强的灵活性而成为政府频繁运用的宏观调控工具。如图 4 - 5 所示①，改革开放以来我国技术进步波动程度远低于政府支出波动程度，特别是2006 年以后技术进步波动为负即技术进步增速逐步放缓，而政府支出则频繁扩张。另外，本节进一步分析了样本区间内政府支出和技术进步波动对产出的贡献程度，表 4 - 7 给出了政府支出和技术进步波动对产出缺口影响的预测方差结果。对于一单位产出波动，技术波动成分和政府支出波动成分在滞后 7 期后对其解释程度分别稳定在 22.33% 和 36.03%。综合而言，我国经济体主要面临政府支出波动冲击，且整体上政府支出对产出的影响程度高于技术进步的影响。

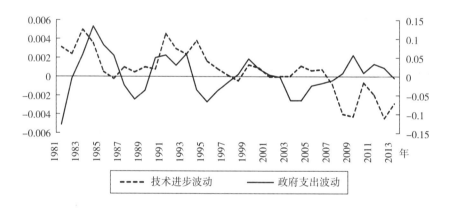

图 4 - 5　我国历年政府支出和技术进步的波动趋势图

由于我国面临非对称政府支出和技术进步冲击，在此经济特征下主动型货币政策和被动型财政政策组合应为最优政策搭配体制，能给经济体带来最小社会福利损失。虽然现阶段以主动型财政政策和被动型货币政策组合为主的政策体制对我国多年来经济发展起到极大的推动作用，但在当前特别是改革、人口红利等渐失的"新常态"下，我国应当更加重视经济社会发展的质量以促进社会福利最大化，逐步由主动型财政政策和被动型货币政策体制组合向以物价稳

---

①　本节以主纵坐标轴测度技术进步波动趋势，次纵坐标轴测度政府支出波动趋势；其中，技术进步增长率时序数据采用隐性变量法通过卡尔曼滤波计量模型获得，技术与政府支出波动数据来自各自增长率一元线性自回归残差。限于篇幅，具体过程未在正文报告，备索。

定和债务稳定为目标的主动型货币政策和被动型财政政策体制转型。

表4-7 产出缺口的方差分解

时期	S. E.	产出缺口	技术波动	政府支出波动
1	0.026572	100.0000	0.000000	0.000000
2	0.036561	79.07685	2.310164	18.61299
3	0.043944	59.52692	7.392050	33.08103
4	0.048917	48.18270	13.15882	38.65848
5	0.051945	43.15787	17.94437	38.89776
6	0.053670	41.68479	20.97381	37.34140
7	0.054638	41.63585	22.33141	36.03273
8	0.055198	41.81349	22.61565	35.57086
9	0.055537	41.81292	22.47288	35.71420
10	0.055747	41.66295	22.30470	36.03235

五、结论与政策建议

本节构建了具有微观基础的新凯恩斯框架下的动态随机一般均衡模型，在引入差别效用权重形式表示的总消费指数基础上推导了含有政府支出形式的新凯恩斯混合菲利普斯曲线（混合NKPC）和动态IS曲线，并在此基础上考察了财政和货币当局在不同政策体制组合下分别面临政府支出和技术进步冲击时对经济造成的不同影响。本节首先识别了我国改革开放以来的财政货币政策搭配体制，在此基础上对不同政策进行体制组合以分析在不同体制组合下政府支出和技术进步冲击给通货膨胀、产出缺口、一般产品消费和总消费水平所可能带来的影响，最后基于模拟脉冲响应图进行社会福利损失分析以甄别最优财政货币政策体制。本节的结论与政策建议有：

（1）通过推导新凯恩斯混合NKPC曲线和动态IS曲线，可以发现政府支出和技术进步对物价和产出波动有直接影响，基于两大冲击对产出和通货膨胀的脉冲响应可以发现，含有政府支出冲击的两大曲线对经济波动具有比较有效的直观描述，通货膨胀不仅仅是一种货币现象，政府在治理通货膨胀的同时应增强对政府支出的重视，并考虑政策组合对经济的稳定作用。

（2）改革开放以来我国主要实行以主动型财政政策和被动型货币政策组合

为主的财政货币政策体制，对推动我国经济快速增长发挥了极大作用，但同时亦带来较明显的经济波动和社会发展不平衡现象。

（3）引入差别效用权重形式表示的总消费指数更能反映家庭实际消费水平，且政府支出形式的公共产品消费对一般产品消费具有一定的互补性，可缓解其融资所带来的负财富效应。政府支出无论是对私人消费还是总消费均存在着明显的挤出效应。

（4）对于最优财政货币政策体制选择问题不能一概而论，基于不同视角研究得出了非一致性结论：当经济体主要面临政府支出冲击时，以物价稳定和债务稳定为目标的主动型货币政策和被动型财政政策组合最优，经济体福利损失成本最小；当主要面临技术进步冲击时，主动型财政政策和被动型货币政策组合最优，经济体福利损失成本最小。鉴于我国经济所面临的非对称政府支出和技术进步冲击，今后应考虑逐步从以主动型财政政策和被动型货币政策组合为主的搭配体制向以主动型货币政策和被动型财政政策组合为主的搭配体制转型，以进一步提高宏观调控水平，促进新常态下宏观经济平稳运行。

第四节　结论与政策建议

本章从经验分析和实证分析两方面出发，探讨了我国财政货币政策主被动搭配体制选择问题。

从中国金融危机以来的宏观经济形势上看，广义货币供给增速长期高于GDP 增速，各地房价再次升温，"控物价"已经成为当前宏观调控的重要任务。回顾 2008 年前后的政策操作与物价变动可见，"四万亿"财政刺激计划大幅推高银行信贷规模，进而引起物价快速上涨，这从经验上说明了财政政策可能通过货币政策推高物价水平，佐证了弱式 FTPL 的存在性。面对地方债和银行坏账的潜藏风险，我国财政货币政策搭配体制需向主动货币/被动财政的搭配组合转型。

从动态模拟分析结果上看，政府支出会对物价水平产生显著的推动作用，对最优财政货币政策搭配体制的选择不能一概而论。当经济体主要面临政府支出冲击时，AM/PF 组合最优，经济体福利损失成本较小；而当主要面临技术进步冲击时，AF/PM 组合具有比较优势。考虑到我国经济当前面临的非对称政府支出和技术进步冲击，模拟结果同样支持政策组合向 AM/PF 体制转型的结论。

本章的分析指出李嘉图体制下主动货币/被动财政的政策体制更符合我国的现实国情。第五章中，我们将为构建这一最优财政货币政策体制提出十条政策建议，为制度构建指明方向和道路。

第五章

中国最优财政货币政策体制构建：十条建议

前述研究表明，我国财政货币政策具有李嘉图制度属性，在当前宏观经济形势下选择主动货币/被动财政的组合相对更优。为构建这一最优财政货币政策体制，我们提出如下十条建议。

一、总结经验，完善物价统计与物价指数编制

我国经济生活中经常出现居民的通胀感受与官方公布的物价指数不一致的情况，在一定程度上影响了物价指数的公信力。对此必须尽快完善 CPI 统计方法。具体来说，一是要根据我国居民消费结构与消费模式的变化，及时调整和更新 CPI 指标体系，以保证 CPI 指标体系随着居民消费结构及消费模式的变化定期调整，使统计结果更符合实际情况；二是要增强 CPI 指标体系的透明度，特别是要把 CPI 权重指标、样本的选择及采集过程、CPI 编制公式及编制过程等公开，让 CPI 指标真正成为反映居民实际消费物价水平的真实信息。

二、加强统计，提高对经济形势的分析和经济发展前景的预测能力

价格波动是一种经常性状态，面对这种波动，重要的是要判明其产生的原

因及其影响，在此基础上，准确把握财政政策和货币政策操作的方向与尺度，科学采取相应的政策措施，使政策选择具有前瞻性。

三、适应形势，适时推进财政政策转型

积极型财政政策运用的基本目的在于在短期内起到平抑宏观经济周期性波动或缓解外部冲击对经济的不良影响。当经济增长达到或接近潜在增长率，增长总体态势也趋于稳定时，就应从对经济总量的影响方面考虑积极型财政政策向被动型财政政策的转型，主要是降低逆周期调节的财政政策的积极程度。另外，宏观经济政策的调整应同时关注价格总水平的变化。尽管与货币政策相比，财政政策对价格水平的影响力较弱一些，但是，由于财政政策和货币政策间具有协同关系，扩张性的财政政策在我国通常会导致被动扩张的货币政策。因此，适时降低逆周期调节的财政政策的积极度有利于发挥促进价格水平稳定的作用。

四、加快改革，提高预算完整性和透明度

当前，我国预算管理体制很不健全，突出表现在：预算覆盖面过窄、编制不科学、执行随意性大、监督不到位、管理不严格、财政超收超支现象严重等方面。这些问题的存在严重侵蚀了国民利益，造成宏观分配越来越不合理，极大地影响着我国财政政策的转型。为此，我们需要尽快采取如下措施推进预算体制改革，以利于财政政策顺利转型：一是扩大预算覆盖范围，加强预算间衔接；二是全面推行绩效预算，提高资金使用效率；三是构建预算编制、执行和监督"三权"分离的预算管理制衡机制；四是完善与宏观经济景气周期相适应、与国家中长期规划相协调的中长期预算框架。

五、控制国债发行规模，规范地方政府投融资平台

国债发行与财政赤字货币化是财政政策影响物价的两种重要渠道。近几年来，我国国债余额的增长速度平均达到了30%左右，远远超过经济的增长速度。我国举借国债规模的扩大和财政赤字的增加，不仅使国债的经济效益日益降低和财政风险逐渐增大，还导致通货膨胀压力日益加大。所以，合理控制国债规模必须提上日程。

另外，虽然我国地方政府一直未获得合法的融资地位和融资渠道，但为适应不断加快的工业化和城市化建设的资金需要，地方政府绕开相关法律规定，通过组建政府融资平台公司发行企业债、公司债、资产证券化、资产信托计划和银行贷款等多种形式筹措资金，而这些举债行为因不具有合法性而游离于地方人大等监督管理之外，地方政府举债行为不受任何约束，具有很强的盲目性和随意性。同时，在目前的政策体制下，下级政府的一切债务实质上都是上级政府的"或有债务"，上级政府承担着替下级政府最后清偿债务的潜在义务。如今地方政府的债务规模已超过国债规模，这种债务格局不利于财政风险防范和物价控制，严重影响着财政的可持续性。

六、转变观念，实施结构性减税政策

当前，中国经济面临稳增长和控物价的双重压力。为此，我们必须转变观念，将传统扩张性财政政策的操作重心由"增加政府支出"调整为"结构性减税"。因为，一方面，目前刺激经济让经济复苏最重要的是减轻企业特别是中小企业的税收负担，而不是政府花钱；另一方面，控制政府支出可直接减少总需求，加之减税对产出的刺激，双管齐下，又有助于物价的稳定。

七、适应形势，理清央行货币政策主体管理体系

中央银行独立性既是提高货币政策效果的关键，又是实施货币政策的重要保证。由于各种历史、现实的原因及条件限制，中国人民银行无论是在组织、人事、职能还是经济上，还存在许多不足。因此，我国应适应经济发展要求，强化其经济基础，赋予其更高货币政策权力，完善货币政策主体管理体系。

八、借鉴国外经验，调整货币政策最终目标

改革开放以来，我国经济运行出现了多次大的波动，每次波动均呈现出膨胀—收缩—再膨胀—再收缩之势，其深层次的原因之一就是货币政策最终目标的循环漂移。在货币政策最终目标选择问题上，当今各国的做法总结起来其要点可以归纳为两个方面：一是选择单一目标（稳定币值）还是双目标（稳定币值和经济发展）；二是是否为稳定币值设置明确的数量目标。通货膨胀目标规则

就是将单一目标与明确的通货膨胀数量目标两者相结合；美国和中国实行的都是双目标制，且不为价格稳定设置明确的数量目标；欧盟实行的也是双目标制，但同时设定明确的通货膨胀目标。根据中国的实际情况，可以考虑，一方面，继续实行多重目标制（稳增长、调结构、防通胀）；另一方面在既有的货币供给量中介目标规则框架内，设定一个比较明确的通货膨胀率区间。

九、实施积极规则，创新货币政策操作

大量研究表明，货币政策操作必须按照规则进行全面的统筹安排，而不是在每个时期实现货币政策的最优化。通常，管理良好的中央银行大多实施规则型货币政策。鉴于我国国情，将货币主义的单一规则与凯恩斯主义的相机抉择两者结合起来的积极规则作为货币政策的操作原则较为合适。积极规则包括两方面的含义：一是货币政策操作是有规则约束的，主要是对货币供给量增长率和通货膨胀目标区间进行限定；二是根据经济形势的变化对政策作出及时反应和调整。这样的政策操作既规范，又主动灵活。另外，积极规则有助于把政策工具与最终目标联系起来，促使央行提前采取预防性措施，以预调和微调作为日常的调控方式。

十、完善货币政策预期管理体系，加强对公众预期的引导与管理

从近年来我国货币政策的实践来看，复杂多变的经济运行态势不仅加大了货币政策调控的难度，还使得公众难以形成稳定的预期，而公众预期的不稳定本身就有可能成为经济扰动的因素之一。面对这种现实，如果中央银行能够较好地稳定和引导公众的通胀预期，那么用小的政策变化就有望实现物价调控的宏观目标，同时也可以降低政策调整本身对市场的冲击程度，减缓经济波动，引导经济运行平滑过渡到中央银行所期望的状态。

参 考 文 献

[1] 卞志村，胡恒强．中国货币政策工具的选择：数量型还是价格型？——基于 DSGE 模型的分析 [J]．国际金融研究，2015（6）：12 – 20.

[2] 卞志村，孙俊．开放经济背景下中国货币财政政策的非对称效应 [J]．国际金融研究，2012（8）：4 – 15.

[3] 卞志村，孙俊．中国货币政策目标制的选择——基于开放经济体的实证 [J]．国际金融研究，2011（8）：4 – 12.

[4] 卞志村，杨源源．结构性财政调控与新常态下财政工具选择 [J]．经济研究，2016（3）：66 – 80.

[5] 卞志村．泰勒规则的实证问题及在中国的检验 [J]．金融研究，2006（8）：56 – 69.

[6] 卞志村．通胀目标制：理论、实践及在中国的检验 [J]．金融研究，2007（9）：42 – 54.

[7] 财政部办公厅课题组．财政支出与居民消费关系计量检验 [J]．经济研究参考，2001（17）：32 – 36.

[8] 曾学文，施发启，赵少钦，董晓宇．中国市场化指数的测度与评价：1978—2008 [J]．中国延安干部学院学报，2010（4）：47 – 60.

[9] 陈昆亭，龚六堂．粘滞价格模型以及对中国经济的数值模拟——对基本 RBC 模型的改进 [J]．数量经济技术经济研究，2006（8）：106 – 117.

[10] 陈利平．财政约束与价格水平决定：FTPL 的一个批判 [J]．财经问题研究，2005（2）：3 – 9.

[11] 陈默．我国国债、政府支出的宏观经济效应研究 [D]．吉林大学，2014.

[12] 储德银，刘宏志．财政政策与价格稳定——兼论 FTPL 理论在中国的实证检验 [J]．财政研究，2013（4）：20 – 24.

[13] 储德银，宋根苗．财政支出结构与价格水平变动——基于 SVAR 模型的实证研究 [J]．地方财政研究，2014（11）：41 – 47.

[14] 崔惠民, 马涛, 崔永. 中国的财政赤字与通货膨胀: 1952 – 2012 [J]. 经济学家, 2014a (4): 61 – 71.

[15] 崔惠民, 王书越, 马涛. 财政赤字、通货膨胀与非李嘉图制度 [J]. 当代经济科学, 2014b (3): 19 – 25, 124.

[16] 樊纲, 王小鲁, 马光荣. 中国市场化进程对经济增长的贡献 [J]. 经济研究, 2011 (9): 4 – 16.

[17] 樊纲, 王小鲁, 朱恒鹏. 中国市场化指数——各地区市场化相对进程 2011 年报告 [M]. 北京: 经济科学出版社, 2011.

[18] 方红生, 朱保华. 价格水平决定的财政理论在中国的适用性检验 [J]. 管理世界, 2008 (3): 49 – 57.

[19] 方红生. 价格水平决定的财政理论: 一个实证综述 [J]. 数量经济技术经济研究, 2008 (5): 146 – 154.

[20] 方军雄. 市场化进程与资本配置效率的改善 [J]. 经济研究, 2006 (5): 50 – 61.

[21] 龚六堂, 谢丹阳. 我国省份之间的要素流动和边际生产率的差异分析 [J]. 经济研究, 2004 (1): 45 – 53.

[22] 龚六堂, 邹恒甫. 财政政策与价格水平的决定 [J]. 经济研究, 2002 (2): 10 – 16, 91.

[23] 郭红兵, 陈平. 中国货币政策的工具规则和目标规则——"多工具, 多目标"背景下的一个比较实证研究 [J]. 金融研究, 2012 (8): 29 – 43.

[24] 郭庆旺, 吕冰洋, 张德勇. 财政支出结构与经济增长 [J]. 经济理论与经济管理, 2003 (11): 5 – 12.

[25] 郭新强, 胡永刚. 中国财政支出与财政支出结构偏向的就业效应 [J]. 经济研究, 2012 (2): 5 – 17.

[26] 胡永刚, 郭新强. 内生增长、政府生产性支出与中国居民消费 [J]. 经济研究, 2012 (9): 57 – 71.

[27] 贾俊雪, 秦聪, 张静. 财政政策、货币政策与资产价格稳定 [J]. 世界经济, 2014 (12): 3 – 26.

[28] 姜付秀, 黄继承. 市场化进程与资本结构动态调整 [J]. 管理世界, 2011 (3): 124 – 134, 167.

[29] 李成, 马文涛, 王彬. 学习效应、通胀目标变动与通胀预期形成 [J]. 经济研究, 2011 (10): 39 – 53.

[30] 李春琦，唐哲．财政支出结构变动对私人消费影响的动态分析——生命周期视角下政府支出结构需要调整的经验证据 [J]．财经研究，2010（6）：90－101．

[31] 李春琦，王文龙．货币供给量作为货币政策中介目标适应性研究 [J]．财经研究，2007（2）：47－57．

[32] 李鹏，杜亚斌，毛德勇，韩庆潇．我国通货膨胀是一种财政现象吗——基于财政支出视角的时变参数研究 [J]．财贸研究，2015（3）：88－96．

[33] 李琼，王志伟．泰勒规则与中国宏观经济波动——1994－2006 的实证检验 [J]．经济科学，2009（2）：9－22．

[34] 李永友，周达军．投资需求、利率机制与我国财政政策的有效性 [J]．数量经济技术经济研究，2007（5）：12－21．

[35] 李玉双．财政政策冲击的宏观经济效应 [D]．湖南大学，2012．

[36] 刘斌．物价水平的财政决定理论与实证研究 [J]．金融研究，2009（8）：35－51．

[37] 刘斌．最优简单货币政策规则在我国应用的可行性 [J]．金融研究，2003（9）：22－38．

[38] 刘东华．通货膨胀目标制宏观经济效应之"非对称性"的验证 [J]．金融研究，2011（1）：52－63．

[39] 刘东华．通货膨胀目标制稳定通胀预期了吗———一项以全体采用国为观察对象的实证研究 [J]．财贸经济，2014（7）：62－71．

[40] 刘金全，张小宇．时变参数"泰勒规则"在我国货币政策操作中的实证研究 [J]．管理世界，2012（7）：20－28．

[41] 陆军，钟丹．泰勒规则在中国的协整检验 [J]．经济研究，2003（8）：76－85．

[42] 毛泽盛，周军荣，李鹏鹏．李嘉图制度还是非李嘉图制度——中国物价水平决定的政策与根源研究 [J]．国际金融研究，2013（12）：55－61．

[43] 欧阳志刚．我国利率的非线性动态调节及其货币政策效果 [J]．统计研究，2009（4）：33－40．

[44] 荣幸子，蔡宏宇．我国财政政策与通货膨胀——基于价格水平的财政决定理论的实证分析 [J]．财政研究，2015（1）：15－19．

[45] 时文朝．我国货币政策传导的环境问题 [J]．金融研究，2004（9）：1－9．

[46] 宋玉华，李泽祥．麦克勒姆规则有效性在中国的实证研究 [J]．金融研究，2007（5）：49－60．

[47] 孙焱林，陈普，熊义明．贝叶斯视角下时变参数 VAR 建模——兼论"斜率之谜" [J]．

数量经济技术经济研究，2011（10）：123 - 133.

[48] 万晓莉，傅雄广. 中国的一般物价水平由财政政策决定吗？——对 FTPL 理论的实证检验 [J]. 浙江社会科学，2008（1）：37 - 47.

[49] 王君斌，郭新强，王宇. 中国货币政策的工具选取、宏观效应与规则设计 [J]. 金融研究，2013（8）：1 - 15.

[50] 王艺明，蔡翔. 财政支出结构与城乡收入差距——基于东、中、西部地区省级面板数据的经验分析 [J]. 财经科学，2010（8）：49 - 57.

[51] 吴军，董志伟，涂竞. 有效需求不足背景下的潜在通货膨胀压力——基于货币结构分析视角 [J]. 金融研究，2011（7）：32 - 42.

[52] 伍志文. "中国之谜"——文献综述和一个假说 [J]. 经济学（季刊），2003（4）：39 - 70.

[53] 肖卫国，刘杰. 前瞻性、后顾性与混合型泰勒规则政策效果的动态模拟 [J]. 金融经济学研究，2014（3）：3 - 12.

[54] 谢平，罗雄. 泰勒规则及其在中国货币政策中的检验 [J]. 经济研究，2002（3）：3 - 12，92.

[55] 辛清泉，谭伟强. 市场化改革、企业业绩与国有企业经理薪酬 [J]. 经济研究，2009（11）：68 - 81.

[56] 杨英杰. 泰勒规则与麦克勒姆规则在中国货币政策中的检验. 数量经济技术经济研究，2002（12）：97 - 100.

[57] 杨友才. 地方财政支出结构与经济增长 [J]. 山东大学学报（哲学社会科学版），2009（2）：77 - 83.

[58] 杨子晖. 财政政策与货币政策对私人投资的影响研究——基于有向无环图的应用分析 [J]. 经济研究，2008（5）：81 - 93.

[59] 殷克东，赵昕，战德坤. McCallum 规则在我国货币政策中的应用及启示 [J]. 数量经济技术经济研究，2001，18（12）：94 - 97.

[60] 尹雷，赵亮. 我国财政政策的制度属性识别——基于 TVP - VAR - SV 方法 [J]. 财政研究，2016（6）：57 - 65，113.

[61] 张成思. 中国通胀惯性特征与货币政策启示 [J]. 经济研究，2008（2）：33 - 43.

[62] 张杰，李克，刘志彪. 市场化转型与企业生产效率——中国的经验研究 [J]. 经济学（季刊），2011（2）：571 - 602.

[63] 张杰. 中国的高货币化之谜 [J]. 经济研究，2006（6）：59 - 69.

［64］张屹山，张代强．前瞻性货币政策反应函数在我国货币政策中的检验［J］．经济研究，2007（3）：20－32.

［65］张志栋，靳玉英．我国财政政策和货币政策相互作用的实证研究——基于政策在价格决定中的作用［J］．金融研究，2011（6）：46－60.

［66］赵丽芬，李玉山．我国财政货币政策作用关系实证研究——基于 VAR 模型的检验分析［J］．财经研究，2006（2）：42－53.

［67］赵文哲，周业安．基于省际面板的财政支出与通货膨胀关系研究［J］．经济研究，2009（10）：48－60.

［68］朱险峰．对我国输入型通胀问题的分析［J］．中国物价，2010（12）：3－5.

［69］邹平．金融计量学（第三版）［M］．上海：上海财经大学出版社，2014.

［70］Barro R J. Government Spending in a Simple Endogenous Growth Model［J］. Journal of Political Economy, 1990, 98（5）：103－126.

［71］Barro R J, Gordon D B. A Positive Theory of Monetary Policy in a Natural Rate Model［J］. The Journal of Political Economy, 1983, 91（4）：589－610.

［72］BabetskiiI, Campos N F. Does Reform Work? An Econometric Examination of the Reform － Growth Puzzle［J］. Jan Babeck?, 2007.

［73］Barro R J, Gordon D B. Rules, Discretion and Reputation in a Model of Monetary Policy［J］. Journal of Monetary Economics, 1983, 12（1）：101－121.

［74］Bohn H. The Behavior of U. S Public Debt and Deficits［J］. Quarterly Journal of Economics, 1998, 113（3）：949－963.

［75］Calvo G A. Staggered Prices in a Utility － maximizing Framework［J］. Journal of Monetary Economics, 1983, 12（3）：383－398.

［76］Canzoneri M B, Diba B T. Is the Price Level Determined by the Needs of Fiscal Solvency?［J］. American Economic Review, 1998, 91（5）：1221－1238.

［77］Carl E, Walsh. Monetary Theory and Policy（Third Edition）［M］. Cambridge：The MIT Press, 2010.

［78］Choi K, JungC. Structural Changes and the U. S Money Demand Function［J］. Applied Economics, 2009, 41（10）：1251－1257.

［79］Cochrane. A Frictionless View of U. SInflation［J］. NBER Macroeconomics Annual, 1998（13）：323－384.

［80］CroushoreD, StarkT. Evaluating McCallum′s Rule for Monetary Policy［J］. Business Review

（Federal Reserve Band of Philadelphia），1995（63）：3 – 14.

［81］ David F H. Dynamie Econometrics ［M］. Oxford University Press，New York，1995.

［82］ DavigT，Leeper E M. Endogenous Monetary Policy Regime Change ［J］. Ssrn Electronic Journal，2006：345 – 391.

［83］ DevarajanS，SwaroopV，Zou H F. The Composition of Public Expenditure and Economic Growth ［J］. Journal of Monetary Economics，1996（37）：313 – 344.

［84］ Friedman M，Schwartz A. A Monetary History of the United States：1867 – 1960 ［M］. Princeton University Press，1963.

［85］ Friedman M. Studies in the Quantity Theory of Money ［J］. Southern Economic Journal，1957，28（2）：234 – 245.

［86］ Judd J P，MotleyB. Using a Nominal GDP Rule to Guide Discretionary Monetary Policy ［J］. Economic Review，1993，（3）：3 – 11.

［87］ Judd J P，MotleyB. Nominal Feedback Rules for Monetary Policy ［J］. Economic Review，1991，（3）：3 – 17.

［88］ KIM S. Structural Shocks and the Fiscal Theory of the Price Level in the Sticky Price Model ［J］. Macroeconomic Dynamics，2003，7（5）：759 – 782.

［89］ Kydland F E，Prescott E C. Rules Rather Than Discretion：The Inconsistency of Optimal Plans ［J］. The Journal of Political Economy，1977，85（3）：473 – 491.

［90］ Landau D. Government Expenditure and Economic Growth：A Cross – Country Study ［J］. Southern Economic Journal，1983，49（3）：783 – 792.

［91］ LeidermanL，SvenssonL. Inflation Targets ［J］. London，Centre for Economic Policy Research，1995.

［92］ Lucas R E. On the Mechanics of Economic Development ［J］. Journal of Monetary Economics，1988，22（1）：3 – 42.

［93］ McCallum B T. Monetarist Rules in the Light of Recent Experience ［J］. The American Economic Review，1984，74（2）：388 – 391.

［94］ McCallum B T. Robustness Properties of A Rule for Monetary Policy ［J］. 1988，29（1）：173 – 203.

［95］ McCallum B T. The Case for Rules in the Conduct of Monetary Policy：A Concrete Example ［J］. Economic Review，1987，123（3）：10 – 18.

［96］ Mishkin R S，Posen A S. InflationTargeting：Lessons from Four Countries ［J］. Federal

Reserve Bank of New York Economie Policy Review, 1997, 3 (8): 9 – 110.

[97] Nakajima J. Time – Varying Parameter VAR Model with Stochastic Volatility: An Overview of Methodology and Empirical Applications [M] . Institute for Monetary and Economic Studies, 2011.

[98] PeturssonT. The Effects of Inflation Targeting on Macroeconomic Performance [R] . Central Bank of Iceland Working Paper, 2004.

[99] Sala L. The Fiscal Theory of the Price Level: Identifying Restrictions and Empirical Evidence [R] . IGIER Working Paper, 2004.

[100] Sargent T J, Wallace N. Some Unpleasant Monetary Arithmetic [J] . Quarterly Review, 1981, 5 (3): 1 – 18.

[101] Sargent TJ. Beyond Supply and Demand Curves in Macroeconomics [J] . American Economic Review, 1982, 72 (2): 382 – 389.

[102] Sims C A. A Simple Model for Study of the Determination of the Price Level and the Interaction of Monetary Siand Fiscal Policy [J] . Economic theory, 1994, 4 (3): 381 – 399.

[103] Sims C A. Comparison of Interwar and Postwar Business Cycles [R] . NBER Working Paper, 1980.

[104] Svensson L E O. Inflation Targeting as a Monetary Policy Rule [J] . Journal of Monetary Economics, 1998, 43 (3): 607 – 654.

[105] Svensson L E O. Optimal Inflation Contracts, "Conservative" Central Banks, and Linear Inflation Contracts [J] . American Economic Review, 1997, 87 (1): 98 – 114.

[106] Taylor J B. Discretion versus Policy Rules in Practice [J] . Carnegie – Rochester Conference Series on Public Policy, 1993, 39 (2): 195 – 214.

[107] Woodford M. Control of the Public Debt: A Requirement for Price Stability? [R] . NBER Working Papers, 1996.

[108] Woodford M. Fiscal Requirements for Price Stability [J] . Journal of Money, Credit & Banking, 2001, 33 (3): 669 – 728.

[109] Woodford M. Optimal Monetary Policy Inertia [R] . NBER Working Paper, 1999.

[110] Woodford M. Price Level Determinacy Without Control of a Monetary Aggregate [J] . Carnegie – Rochester Conference Series on Public Policy, 1995, 43 (2): 1 – 46.

[111] Zhang W. China's Monetary Policy: Quantity Versus Price Rules [J] . Journal of Macroeconomics, 2009, 31 (3): 473 – 484.